Kontaktadresse nach EU-Produktsicherheitsverordnung:
produktsicherheit@droemer-knaur.de

AF216632

Kontaktadresse nach EU-Produktsicherheitsverordnung
produkt.sicherheit@droemer-knaur.de

Über den Autor:

Dr. Wayne Dyer, geb. 1940, verbrachte seine Kindheit und Jugend überwiegend in Waisenhäusern und in Pflegefamilien. Diese schmerzhaften Erfahrungen haben ihn dafür sensibel gemacht, dass wir uns oft selbst die größten Steine in den Weg legen.

Mit weit mehr als 50 Millionen verkauften Büchern gilt Wayne Dyer weltweit als einer der beliebtesten Lebenslehrer.

Weitere Informationen unter: www.DrWayneDyer.com

Wayne Dyer

Im Einklang sein

Neun Wege zu innerer Ausgeglichenheit

Aus dem Englischen
von Jutta Ressel

Die amerikanische Originalausgabe erschien 2006
unter dem Titel »Being in Balance« bei Hay House Inc., USA.

Besuchen Sie uns im Internet:
www.mens-sana.de

Aus Verantwortung für die Umwelt hat sich die Verlagsgruppe
Droemer Knaur zu einer nachhaltigen Buchproduktion verpflichtet.
Der bewusste Umgang mit unseren Ressourcen, der Schutz unseres Klimas
und der Natur gehören zu unseren obersten Unternehmenszielen.
Gemeinsam mit unseren Partnern und Lieferanten setzen wir uns für eine
klimaneutrale Buchproduktion ein, die den Erwerb von Klimazertifikaten
zur Kompensation des CO_2-Ausstoßes einschließt.
Weitere Informationen finden Sie unter:
www.klimaneutralerverlag.de

Neuausgabe Januar 2014
© 2006 Wayne W. Dyer
Für die deutschsprachige Ausgabe:
© 2009 Knaur Taschenbuch
Ein Imprint der Verlagsgruppe
Droemer Knaur GmbH & Co. KG, München
Alle Rechte vorbehalten. Das Werk darf – auch teilweise –
nur mit Genehmigung des Verlags wiedergegeben werden.
Umschlaggestaltung: ZERO Werbeagentur, München
Umschlagabbildung: FinePic®, München
Druck und Bindung: BoD – Books on Demand GmbH,
Norderstedt, Germany
ISBN 978-3-426-87657-2

4 6 5 3

Für Elizabeth Crow.
Zehntausend Dank für
deine zauberhafte, liebevolle Präsenz.
Sie ist auf jeder Seite dieses Buches spürbar.

Für meinen Bruder David.
Wir haben einander
in all den mageren Jahren Gleichgewicht geschenkt.
Ich liebe dich.

Inhalt

und Ihre Ernährungs- und Bewegungsgewohnheiten
miteinander in Einklang bringen

»Ein Wunsch ist ein Riese, der immer weiter wächst;
kein Mantel des Habens war je groß genug, um ihn zu
bedecken ...«

RALPH WALDO EMERSON

Einleitung

Das Prinzip des Gleichgewichts bestimmt unser gesamtes Universum. Der Kosmos, unser Planet, die Jahreszeiten, Wasser, Luft, Feuer und Erde – sie alle befinden sich in perfekter Harmonie. Die einzige Ausnahme stellen wir Menschen dar.

Mit diesem Buch möchte ich versuchen, Ihnen behilflich zu sein, dieses natürliche Gleichgewicht in all seinen Aspekten in Ihrem täglichen Leben wiederherzustellen. Wer ins Gleichgewicht kommen will, muss sich dazu nicht unbedingt neue Strategien aneignen, die eine Verhaltensänderung bewirken. Es geht vielmehr darum, sich mit all seinen Gedanken wieder so auszurichten und in Übereinstimmung zu bringen, dass zwischen persönlichen Wünschen und dem täglichen Leben ein natürliches Gleichgewicht entsteht.

Nachdem meine Lektorin dieses Buch zum letzten Mal redigiert hatte, kritzelte sie folgende Worte auf das Deckblatt: »Wayne, *Im Einklang sein* ist super! Niemand kann dieses Buch lesen, ohne daraus neue Kraft zu schöpfen. Ich habe das Gefühl, dass ich selbst auch wieder zu meinem inneren Gleichgewicht gefunden habe.« Ich bin überzeugt, dass es Ihnen ähnlich gehen wird, wenn Sie dieses Buch lesen und die neun Prinzipien schrittweise verinnerlichen. Genau das hatte ich im Sinn, als ich meinen Ideen freien Lauf ließ, damit sie sich auf diesen Seiten materialisieren konnten.

Ich liebe dieses Buch. Es ist eine wahre Freude, es in meinen Händen zu halten. Ich wünsche mir, dass Sie die beschriebenen Prinzipien jeden Tag für sich nutzen, um den

Zustand des perfekten Gleichgewichts wiederherzustellen, in dem wir schließlich alle einmal unseren Anfang genommen haben.

In Liebe und mit herrlichem Licht

Wayne W. Dyer
Maui, Hawaii

Kapitel eins

Unendliche Wälder
liegen in den Träumen
einer einzigen Eichel
im Schlaf

Ihre Träume und Ihre Gewohnheiten
miteinander in Einklang bringen

»Selbst die größte Errungenschaft war anfangs lange Zeit ein Traum. Die Eiche schlummert in der Eichel; der Vogel schlummert im Ei; und in der höchsten Vision der Seele regt sich ein erwachender Engel. Träume sind die Saatkörner der Realität ...«   JAMES ALLEN

»Wahre Vorstellungskraft ist kein phantasievoller Tagtraum; sie ist ein himmlisches Feuer.«   ERNEST HOLMES

Eines der größten Ungleichgewichte im Leben entsteht durch das Missverhältnis zwischen Ihrer Alltagsroutine samt Ihren Gewohnheiten einerseits und dem Traum von einem außergewöhnlich erfüllten Leben, den Sie tief in Ihrem Innersten hegen, andererseits. In dem Zitat, das diesem Kapitel voransteht, erklärt James Allen mit poetischen Worten, dass der Traum das Zauberreich ist, aus dem neues Leben hervorgeht. In Ihnen schlummert eine unbeschränkte Schöpferkraft – was Allen als einen »erwachenden Engel« bezeichnet, der nur darauf wartet, Saatkörner zu säen, damit Ihre Träume und Ihr Schicksal in Erfüllung gehen. Ich konnte nicht anders, ich musste einfach noch das Zitat von Ernest Holmes hinzufügen, der diese dynamische Vorstellung als »himmlisches Feuer« beschreibt. Beide Zitate sind als Aufforderung gedacht und sollen Sie motivieren, sich um dieses Feuer, um Ihren inneren Traum, zu kümmern, wenn es Ihnen wichtig ist, ein harmonisches Leben zu führen.

Wie sich dieses Ungleichgewicht in Ihrem Leben zeigt

Der Mangel an Ausgewogenheit zwischen Träumen und Gewohnheiten kann sehr unterschwellig zum Vorschein kommen. Er zeigt sich nicht unbedingt in so offensichtlichen

Symptomen wie Sodbrennen, Depression, Krankheit oder Sorgen. Er ist in der Regel eher das Gefühl, einen unwillkommenen Gefährten an seiner Seite zu haben, der einem ständig zuflüstert, dass etwas Wichtiges vernachlässigt wird. Man spürt, dass es eine Aufgabe oder Erfahrung gibt, die einen Teil des eigenen Wesens ausmacht und gelebt werden will. Es kann sich schwer greifbar oder ungewiss anfühlen, und doch empfindet man die Sehnsucht, diesem unbestimmten Gefühl nachzugeben und ihm Folge zu leisten. Man fühlt, dass es etwas Höheres gibt; der tatsächliche *Lebensstil* und der eigentliche *Lebenszweck* sind aus dem Gleichgewicht geraten. Dieser subtile »Begleiter« wird so lange immer wieder bei Ihnen anklopfen, bis Sie ihm endlich Aufmerksamkeit schenken und somit die Möglichkeit haben, zu Ihrem naturgemäßen Gleichgewicht zurückzufinden.

Stellen Sie sich eine altertümliche Waage vor, bei der sich eine Waagschale nach unten neigt, während die andere sich weit oben befindet – wie eine Wippe mit einem kräftigen Kind auf der einen und einem zierlichen auf der anderen Seite. Die Waage wird hier durch das schwerere Kind aus dem Gleichgewicht gebracht. Das ist ein Sinnbild für Ihren Alltag und die damit einhergehenden Gewohnheiten, für die Arbeit, die Sie verrichten, Ihren Wohnort, die Menschen, mit denen Sie zu tun haben, die Bücher, die Sie lesen, die Filme, die Sie sich anschauen und die Gespräche, die Sie führen. Natürlich ist nichts davon wirklich »schlecht«. Das Ungleichgewicht existiert ganz einfach, weil viele dieser Dinge für *Ihr* ganz persönliches Leben ungesund sind – sie entsprechen nicht Ihren Vorstellungen von sich selbst. Wenn etwas ungesund ist, ist es falsch, und tief in Ihrem Inneren spüren Sie das auch. Wenn Sie immer wieder *so tun, als ob*, kann das oberflächlich betrachtet ganz angenehm erscheinen. Das Ausmaß Ihrer tatsächlichen Unzufriedenheit schafft jedoch ein enormes Ungleichgewicht in diesem einen Leben, das Ihnen zur Verfügung steht.

Dieses nagende Gefühl des Unbehagens irritiert Sie, da Sie es einfach nicht loswerden. Sie spüren dieses leere Gefühl in der Magengegend, etwa wenn Sie sanft schlummern und Ihre Träume voll von Hinweisen sind, wie oder wer Sie eigentlich gern wären. Doch dann wachen Sie auf, und Sie fahren mit Ihrem sicheren Alltagstrott wie gehabt fort, anstatt etwas zu verändern. Sie sollten Ihren Träumen auch im Wachzustand Beachtung schenken, wenn Sie vielleicht unfreundlich mit anderen Menschen umgehen und Streit suchen. Dahinter verbirgt sich meist Unzufriedenheit mit sich selbst, da Sie versuchen, Druck abzubauen, indem Sie Ihren Ärger an anderen auslassen. Das Ungleichgewicht tarnt sich in diesem Fall als Frustrationsgefühl hinsichtlich Ihres derzeitigen Lebensstils. Wenn Sie es sich doch einmal gestatten, über dieses »himmlische Feuer« nachzudenken, versachlichen Sie Ihren gegenwärtigen Zustand wahrscheinlich mit kopflastigen Erklärungen, obwohl Sie im Grunde Ihres Herzens wissen, dass es sich um Ausreden handelt. Sie reden sich ein, nicht über die richtigen Voraussetzungen zu verfügen, um wieder ein Gleichgewicht zwischen Ihren Träumen und dem Alltagsleben herzustellen.

Vielleicht geht das sogar so weit, dass Sie immer härter mit sich selbst ins Gericht gehen und schließlich zu Medikamenten und anderen Mitteln greifen, weil Sie sich unzulänglich fühlen – und wegen sogenannter Depressionen. Sicher stellen Sie auch fest, dass Sie immer ärgerlicher und launischer werden und dass sich geringfügige Beeinträchtigungen wie Erkältungen, Kopfschmerzen oder Schlaflosigkeit häufen. Dauert dieser unausgewogene Zustand länger an, werden die einfachsten Belange des Lebens zur Belastung. Die Arbeit wird als Routine, kaum noch sinnvoll und schwunglos empfunden. Diese Grundeinstellung macht sich dann auch in Ihrem Verhalten gegenüber der Familie und Ihren Lieben bemerkbar. Sie regen sich schneller auf und hacken auf anderen ohne ersichtlichen Grund herum. Wenn Sie ehrlich zu sich selbst sind, erkennen Sie den Grund für Ihre Verärgerung: Sie haben Ihren großen Traum aus den Augen verloren, den Sie immer hatten, der Ihnen nun jedoch ganz offensichtlich entgleitet.

Wenn sich diese subtilen Symptome häufen, ist es von höchster Bedeutung, sich die Art von Energie bewusst zu machen, die Sie selbst in die Waagschale werfen und damit ein Gleichgewicht – oder in diesem Fall ein Ungleichgewicht – erzeugen. Angst wirkt sich immer niederdrückend auf Ihren Lebenszweck aus – aber Sie sind der einzige Mensch, der die Waagschalen Ihres Lebens wieder ins Gleichgewicht bringen kann. Ich möchte Ihnen einige Möglichkeiten anbieten, wie Sie Ihr Leben wieder harmonischer gestalten können. Doch für den Anfang wollen wir zunächst einmal erkunden, auf welche Weise Sie sich womöglich selbst dabei ausbremsen.

Mentale Energie, die eine Manifestation Ihrer Träume unmöglich macht

Ihr Wunsch zu sein und aus Ihrer Fülle zu schöpfen ist ein Aspekt Ihrer geistigen Energie. Um in diesem Bereich Ihres Lebens ein Gleichgewicht herzustellen, müssen Sie die Energie Ihrer Gedanken nutzen, um mit Ihrer Wunschkraft einen

Zustand der Harmonie herzustellen. Ihre mentale Energie zieht das an, womit Sie sich gedanklich beschäftigen. Gedanken, die sich mit Frustration auseinandersetzen, ziehen somit Frustration an. Wenn Sie etwas sagen oder denken wie: »Da kann ich sowieso nichts machen, mein Leben ist aus dem Ruder gelaufen, und ich sitze in der Falle«, dann ziehen Sie genau das auch an, nämlich Widerstand gegen Ihre höchsten Wünsche. Jeder Gedanke an Frustration ist wie ein Garantieschein für noch mehr Frustration. Jeder Gedanke, der zementiert, dass Sie in der Klemme sitzen, ist wie eine Bitte ans Universum, Ihnen noch mehr Hindernisse in den Weg zu legen, damit Sie auch *weiterhin* in der Klemme stecken.

Das einzige und wichtigste Werkzeug, um im Gleichgewicht zu sein, ist das Wissen, *dass Sie, ja Sie allein, für das Ungleichgewicht zwischen Ihrem Traum, wie Sie Ihr Leben gern führen würden, und Ihren täglichen Gewohnheiten, die diesem Traum Lebenskraft rauben, verantwortlich sind.* Sie können mit Ihrer mentalen Energie eine neue Ausrichtung schaffen und das Universum so dazu auffordern, Ihnen passende Gelegenheiten einzuräumen, um dieses Ungleichgewicht zu korrigieren. Wenn Sie das tun, werden Sie feststellen, dass die reale Welt zwar ihre Grenzen hat, die Welt der Vorstellungskraft jedoch grenzenlos ist. Dieser grenzenlosen Vorstellung entspringt dann die Saat einer Realität, die nur darauf wartet, als harmonische Umwelt wiederhergestellt zu werden.

Ziel dieses Prinzips ist es, ein Gleichgewicht zwischen Ihren Träumen und Ihren Gewohnheiten zu schaffen. Der am wenigsten komplizierte Weg ist, die gewohnte Seinsweise allmählich umzugestalten und dann zu lernen, sein Denken so zu verändern, dass es im Einklang mit den eigenen Träumen ist. Wie sehen Ihre Träume nun aber aus? Was lebt in Ihnen fort, seitdem Sie denken können? Welches innere Licht scheint weiter, selbst wenn es nur ein Glimmen in Ihren Gedanken und Träumen ist? Egal worum es sich handelt und wie absurd es anderen erscheinen mag, wenn Sie zwischen Ihren Träumen und Gewohnheiten wieder ein Gleichgewicht herstellen wollen, müssen Sie Ihre mentale Energie so verändern, dass sie einen Beitrag zur Verwirklichung Ihrer Träume leistet. Wenn Sie aus dem Gleichgewicht geraten sind, kommt das vor allem daher, dass Sie es Ihren Gewohnheiten energetisch gestattet haben, Ihr Leben zu definieren. Diese Gewohnheiten und die daraus folgenden Konsequenzen sind das Ergebnis der Energie, die Sie ihnen ursprünglich verliehen haben.

Zu Beginn des Prozesses, der Sie wieder ins Gleichgewicht bringen soll, sollten Sie sich auf folgende Tatsache konzentrieren: *Sie bekommen immer das, worüber Sie nachdenken, ob Ihnen das nun gefällt oder nicht.* Denken Sie also an das, was Sie wollen, und nicht daran, wie schwierig oder unmöglich Ihr Traum Ihnen erscheint. Geben Sie Ihren persönlichen Träumen Raum, damit sie mit in die Waagschale kommen. Dann können Sie Ihre Träume visualisieren, und die Träume können die Menge an Energie aufnehmen, die sie verdient haben. Gedanken sind mentale Energie; sie sind die Ihnen zur

Verfügung stehende »Währung«, um das anzuziehen, was Sie verdient haben. Sie müssen lernen, damit aufzuhören, diese Währung auf Gedanken zu verschwenden, die Sie nicht wollen, selbst wenn Sie sich gezwungen sehen, mit Ihrem gewohnten Verhalten vorerst fortzufahren. Auch wenn sich Ihr Körper dann noch eine Weile den alten Gewohnheiten gemäß verhalten wird, gelangen Ihre Gedanken doch in der Zwischenzeit in Übereinstimmung mit Ihren Träumen. Eine geschätzte Schriftstellerin des 19. Jahrhunderts, Louisa May Alcott, hat diesen Ansatz ebenso ermutigend wie auch inspirierend formuliert:

Weit weg in der Sonne sind
meine höchsten Inspirationen.
Ich reiche vielleicht nicht an sie heran,
aber ich kann nach oben schauen und die Schönheit
sehen,
an sie glauben und versuchen,
ihnen dorthin zu folgen,
wohin sie mich führen ...

Die Entscheidung zu treffen, seine Träume mit seinen Gewohnheiten in Einklang zu bringen, erscheint mit den Sätzen von Louisa May Alcott im Hinterkopf möglich: »nach oben schauen und sehen« und »an sie glauben«. Diese Worte bewirken eine neue energetische Ausrichtung. Anstatt Ihre Gedanken auf das zu richten, was ist oder woran Sie Ihr ganzes Leben lang zu denken gewohnt sind, vollziehen Sie eine Veränderung; Sie schauen nach oben und sehen – und glauben dann ganz fest an das, was Sie sehen. Sobald Sie diese Denkweise verinnerlichen, arbeitet das Universum mit Ihnen zusammen und schickt Ihnen genau das, worauf Sie Ihre Gedanken richten und woran Sie glauben. Das passiert natürlich nicht immer sofort, aber sobald Sie diese gedankliche Neuausrichtung vollzogen haben, finden Sie langsam ins Gleichgewicht.

Die Gewohnheit, in Übereinstimmung mit den eigenen Träumen zu denken

Oscar Wilde stellte einmal fest, dass »wir alle in der Gosse sind, einige von uns jedoch die Sterne betrachten.« Das ist ein perfektes Bild dafür, was es heißt, Ihre Vision und Ihre Gedanken so auszurichten, dass sie mit Ihrem Gefühl, warum Sie hier auf Erden sind, im Gleichgewicht sind. Ein Gedanke wie »Ich möchte einen Hort schaffen, um armen Kindern zu helfen« ist in Wirklichkeit eine Botschaft ans Universum. Wenn Sie das starke Gefühl haben, zu einem bestimmten Zweck hier auf Erden zu sein, dann sollten Sie die passende Energie erzeugen, die Ihren Vorstellungen entspricht. Ihre genauen Lebensumstände spielen dabei keine Rolle. Auch Ihre aktuelle finanzielle Situation ist nebensächlich, wenn es darum geht, Ihr Ziel zu verfolgen. Und selbst Menschen, die versuchen, Sie zu entmutigen, sollten Sie nicht erschüttern oder an Ihrer Berufung zweifeln lassen. Im Grunde tun Sie Folgendes, wenn Sie damit beginnen, Ihr Leben und Ihre Träume miteinander in Einklang zu bringen: Sie werden zum Mitschöpfer Ihres Lebens.

Mitschöpfung meint, die Energie aus dem unsichtbaren Bereich des Geistes kooperativ zu nutzen. Somit wird Ihr Lebenszweck mit der reinen Energie der Schöpfung perfekt ins

Gleichgewicht gebracht. Sie eifern dem Universum nach, indem Sie ihm so ähnlich wie nur möglich sind. Dazu gehört auch Ihr Wille, sich als ein Wesen im Gleichgewicht zu betrachten, das die Bedingungen anzieht, die Sie sich wünschen. *Durch die Verinnerlichung dieser Macht erlangen Sie sie.* Lesen Sie diese Aussage noch einmal, bis sie Ihnen in Fleisch und Blut übergegangen ist. Sie können einen Hort, um armen Kindern zu helfen, nicht manifestieren, indem Sie über die *Unmöglichkeit* dieses Unterfangens nachsinnen. Selbst wenn Sie in der »Gosse« sind, haben Sie die Möglichkeit, die Sterne zu betrachten. Das bedeutet, »Sternen-Gedanken« zu denken und »Gossen-Gedanken« mit ihrem erdrückenden Gewicht abzulehnen. Es kommt darauf an, dass Sie positive Gedanken hegen wie: »Ich weiß es, ich wünsche es mir, das klappt schon, nichts kann mich aufhalten und ich muss mich über nichts ärgern.«

Diese gedankliche Neuausrichtung wird Ihre Welt total auf den Kopf stellen. Das Universum basiert auf dem Gesetz der Anziehung. Sie werden feststellen, dass es mit Ihnen zusammenarbeitet, so dass Sie die richtigen Menschen, die nötigen Geldmittel und die synchronen Ereignisse anziehen, damit sich Ihre Träume verwirklichen können. Wenn Sie die Gedanken ausreichend verinnerlicht haben, dass Sie eine solche Kooperation aus der Welt des Geistes verdient haben, dann bemühen Sie sich aktiv darum, dass sie auch eintritt. Sie werden sich der Leichtigkeit erfreuen, mit der kreativen Lebensenergie im Einklang zu sein. Dann können Sie nicht mehr nur herumsitzen, jammern und frustriert sein. Sie werden energetisiert sein! Warum? Weil Sie dann im Gleichgewicht mit der Quelle jeglicher Schöpfung sind. Und dementsprechend haben Sie unbegrenzten Zugriff auf die universelle Schöpferkraft, indem Sie gedanklich alles anziehen, was Sie benötigen.

Das funktioniert nur dann nicht, wenn Sie im Zustand des Ungleichgewichts sind, jammern, in Angst leben oder immer mit dem Schlimmsten rechnen.

Dieses Prinzip der Neuausrichtung gilt nicht nur, wenn Sie Ihre Wunschkraft mit Ihren Gewohnheiten ins Gleichgewicht bringen wollen. Es lässt sich auf alles anwenden, was Sie sich nur vorstellen können: ein Buch schreiben, ein eigenes Musikalbum produzieren, Pferde trainieren, ein Kind aus einem verarmten Land adoptieren, ein Haus auf dem Land erwerben, den Job ergattern, der Ihnen bislang immer durch die Lappen gegangen ist, so viel Geld verdienen, dass Sie schuldenfrei sind, einen Marathon laufen ... Sie geben der Sache einen Namen, und alles, was Sie sich erträumen, können Sie auch erreichen. Aber nur, wenn Sie Ihre innere kreative Energie – Ihre Gedanken – so ausrichten, dass sie perfekt mit Ihren Wünschen in Einklang stehen. Gedanken, die aktuelle Gewohnheiten zementieren und somit Ihren Wünschen entgegenwirken, müssen durch zielgerichtete Energie ersetzt werden.

Niemand hat es besser ausgedrückt als Jesus: »Nach deinem Glauben wird dir gegeben.« Was für einen Sinn sollte es haben, sein Leben damit zu vergeuden, über die Weisheit des Im-Einklang-Seins zu streiten?

Kapitel zwei

Es gibt Wichtigeres
im Leben,
als es immer noch mehr
zu beschleunigen

Ihr Leben und Ihren Wunsch nach Erfolg
miteinander in Einklang bringen

»Ein Symptom für einen bevorstehenden Nervenzusammenbruch ist die Überzeugung, dass die eigene Arbeit schrecklich wichtig ist ...«   BERTRAND RUSSELL

»Je näher du Gott kommst, desto weniger weltliche Pflichten erlegt er dir auf.«   RAMAKRISHNA

Der Schlüssel, um Ihren Wunsch nach einem friedlichen Dasein mit der Notwendigkeit, Erfolg zu haben, Leistung zu erbringen und den Lebensunterhalt zu verdienen, in Einklang zu bringen, besteht in der Erkenntnis, dass so etwas wie Stress gar nicht existiert; es gibt nur Menschen, die stressvolle Gedanken hegen. So simpel ist es wirklich. Wenn Sie eine Veränderung in der Art vornehmen, wie Sie auf die Welt reagieren, verändert sich die Welt.

Stress findet im Inneren statt. Sie können damit kein Behältnis auffüllen, weil Spannung nichts Physisches und auch kein Objekt ist. Es handelt sich nicht um etwas, worauf man deuten und sagen kann: »Also das ist jetzt Stress!« Er existiert schlichtweg nicht in dieser Form. Dennoch nehmen einhundertzwölf Millionen Menschen in Amerika Medikamente aufgrund stressbedingter Symptome, darunter Erschöpfung, Herzklopfen, Magenverstimmung, Verstopfung, Durchfall, Nervosität, Fressanfälle, Hautrötungen, Nägelkauen, Appetitverlust, Schlaflosigkeit, Angstzustände, Panikattacken, Stimmungsschwankungen, Gedächtnislücken, Konzentrationsstörungen, Magengeschwüre, Zwangshandlungen, Aufgeregtheit ... die Liste ließe sich unendlich weiterführen. Und all das wird durch etwas verursacht, das in der physischen Welt eigentlich gar nicht existiert.

Wer aufgrund von Stress aus dem Gleichgewicht ist, gehört unweigerlich zu den Millionen Leuten, die Medikamente schlucken müssen, um die oben aufgeführten Symptome in den Griff zu bekommen. Es bedeutet, dass Sie sich oft erschöpft fühlen, weil Sie nie wirklich Freude an dem Lebensstil haben, für den Sie so hart arbeiten. Sie haben dann oft das Gefühl, Ihr Leben in einer endlosen Tretmühle zu verbringen. Der Druck, der sich durch die viele Arbeit und Ihre ehrgeizigen Ziele aufbaut, bringt zwar weltlichen Lohn, doch besteht gleichzeitig das Gefühl, absolut gar nichts zu erreichen.

Wenn Ihnen das bekannt vorkommt, ist das ein Signal, die Gedanken hinsichtlich Ihres Lebens und Ihrer Arbeit einmal etwas genauer unter die Lupe zu nehmen und damit anzufangen, sich von den Stresssymptomen zu befreien, indem Sie wieder ins Gleichgewicht finden. Gleichgewicht zu erlangen bedeutet nicht zwangsläufig, sein Verhalten zu verändern. Sie können stressreduzierenden Aktivitäten nachgehen wie Meditation, Sport, ausgedehnte Spaziergänge – was immer bei Ihnen die beste Wirkung zeigt. Wenn Sie sich allerdings darauf ausrichten, immer mehr zu erreichen, Ihr Gegenüber zu übertrumpfen, um jeden Preis zu gewinnen und an Tempo stetig zulegen, weil Sie glauben, nur so am Ball bleiben zu können, dann ziehen Sie mit Sicherheit die entsprechende Schwingung dieses Denkens in Ihr Leben. Selbst wenn Sie Yoga machen, auf dem Kopf stehen und jeden Tag Mantas singen!

Stressreduzierung und Neuausrichtung

Sie sind, *was* und *wie* Sie denken – den lieben langen Tag. Um das Gewicht Ihrer Gedanken zu ermessen, müssen Sie in Begriffen wie Schwingung und Energie denken. Nehmen wir einmal an, Sie haben den hochfrequenten Wunsch, ein Mensch zu sein, der völlig entspannt ist. Wir weisen diesem Gedanken auf einer Skala von eins bis zehn nun den Wert neun zu, wobei der niedrigste Energiewert eins gleichbedeutend mit einem Nervenzusammenbruch ist und eine Zehn für erleuchtete, gelassene Meisterschaft steht.

Als Nächstes müssen Sie sich auf die Gedanken konzentrieren, die Ihren Wunsch nach einem friedlichen, stressfreien Leben unterstützen. Gedanken wie »Ich werde überrollt, ich habe nie genug Zeit, so viele Leute wollen etwas von mir, dass mir nicht einmal Zeit zum Nachdenken bleibt; man hat mir so viel aufgehalst, dass ich das nie schaffe; ich fühle mich unter Druck, viel Geld zu verdienen, damit ich meine Rechnungen bezahlen kann ...« sind nicht im Gleichgewicht und friedlich. Solche Überzeugungen sind Widerstandsenergie, die Ihrem Wunsch nach einem entspannten Leben entgegenwirkt. Anders ausgedrückt: Sie sind nicht richtig ausgerichtet und aus dem Gleichgewicht. Ihr Wunsch mag zwar den Punktwert neun haben, doch Ihre mentale Energie in dieser Situation ist auf der Skala viel weiter unten angesiedelt, vielleicht bei zwei oder drei.

Einfach eine Verhaltensveränderung vorzunehmen bringt Sie nicht wieder ins Gleichgewicht. Sie ziehen noch immer Stresssymptome an, wenn Sie Ihre Mitmenschen samt Ihren Forderungen ablehnen, dabei aber auf einer Frequenz schwingen, die mit folgenden Gedanken einhergeht: »Ich sollte wirklich tun, worum man mich bittet.« Oder: »Vielleicht kann ich diese Bitte ja später noch irgendwo unterbringen.« Sie haben dann vielleicht von Ihrem übervollen Terminkalender Abstand genommen, senden aber weiterhin Gedanken aus, die von Furcht und Mangelbewusstsein zeugen und das Gesetz der Anziehung aktivieren – was unweigerlich bedeutet, dass Sie Angst und Mangel zurückbekommen.

Lassen Stressgedanken Ihre Waagschale nach unten sinken,

dann bringt Ihnen das Gesetz der Anziehung Stress. Vergessen Sie nicht: *Sie bekommen das, woran Sie denken!* Wenn Sie an Mangel, Ärger oder Angst denken, ziehen Sie genau das auch an! Allein durch einen ausgewogenen Terminkalender, in dem Sie mehr freie Zeit eingeplant und viele stressreduzierende Aktivitäten vorgesehen haben, können Sie Ihre Gedanken nicht auf den Erfolg ausrichten, den anzuziehen Sie in der Lage sind. Das Gewicht der vorherrschenden Gedanken lässt die Waageschale absinken – Ihr Leben ist aus dem Gleichgewicht. Die Gestaltung Ihres Alltags bleibt weiterhin unausgewogen, wenn es Ihnen nicht gelingt, Gandhis Rat anzunehmen, dass das Leben mehr sei als »nur seine Geschwindigkeit zu erhöhen«.

Damit Ihre Wünsche tatsächlich in Erfüllung gehen können, müssen Sie vor allem lernen, wie Sie sie mit Ihren Gedanken, also Ihrer Schwingungsenergie, in Übereinstimmung bringen.

Ihren Anziehungspunkt ausrichten:
Die Kunst zu werden

Hier ist eines meiner Lieblingszitate von meinem Lehrer in Indien, Nisargadatta Maharaj:

> *Es gibt nichts zu tun. Sei einfach.*
> *Tu nichts. Sei.*
> *Kein Erklimmen von Bergen und Sitzen in Höhlen.*
> *Ich sage nicht einmal: »Sei du selbst.«,*
> *denn du kennst dich nicht.*
> *Sei einfach.*

Diese Vorstellung widerspricht vielleicht allem, was man Ihnen je beigebracht hat und der Art, nach der Sie bislang gelebt haben, aber lassen Sie diese Worte einfach einmal auf sich wirken. Wenn Ihr Inventar an Ideen und Vorschriften Ihr ganzes Leben lang dazu geführt hat, dass Sie einer der vielen Menschen sind, die Medikamente einnehmen, um mit ihrem nicht-existenten Stress zu Rande zu kommen, können Sie sehr davon profitieren, sich mit diesem Gedanken zu beschäftigen. Beginnen Sie damit, die Prinzipien zu praktizieren, um sich auf eine Schwingung auszurichten, die Ihrem Wunsch nach einem ruhigen, friedlichen Leben entspricht, werden Sie sich Ihrer Gedanken bewusster. Diese Gedanken bestimmen im wahrsten Sinn des Wortes, wer Sie sind. Und die Tatsache, dass Sie diese Worte lesen, lässt vermuten, dass Sie daran interessiert sind, Ihren Gedanken etwas mehr Aufmerksamkeit zu schenken.

Sein und *werden* verwende ich hier synonym. Um das Gefühl von Ausgewogenheit zwischen Ihrem Wunsch nach Ruhe und Ihrem Wunsch, den Erfordernissen des täglichen Lebens gerecht zu werden, herzustellen, müssen Sie sich darin üben, die Schwingung zu *werden* und zu *sein*, die Sie sich wünschen.

Frieden sein

Frieden ist nicht etwa das, was Sie *empfangen*, wenn Sie das Tempo in Ihrem Leben drosseln. Frieden ist etwas, das Sie *sein* können und das Sie in jeden Augenblick Ihres Lebens, in jede Begegnung und in jedes Ereignis einbringen können. Viele Menschen liefern sich ununterbrochen innere mentale Gefechte mit ihren Mitmenschen. Friedlich zu sein ist eine innere Einstellung, in deren Genuss Sie kommen, insofern Sie lernen, Ihren scheinbar endlosen inneren Dialog zum Schweigen zu bringen. Friedlich sein hängt nicht von Ihrer Umgebung ab. Es hat selten damit zu tun, was die Leute in Ihrem Umfeld denken, sagen oder tun.

In dem berühmten Gebet des heiligen Franziskus kommt dieser Sachverhalt noch besser zum Ausdruck, als ich es formulieren könnte: »Mach mich zu einem Instrument deines Friedens.« Mit anderen Worten: Der heilige Franziskus hat Gott nicht gebeten, ihn mit Frieden zu segnen. Er hat ihn vielmehr um Anleitung gebeten, dem Frieden ähnlicher zu werden, auf den er als seine Quelle vertraut hat. *Frieden zu sein* ist etwas anderes als *nach Frieden zu suchen.*

Hier geht es nicht nur darum, sich bewusst ruhiger Gedanken zu befleißigen, wenn Sie gereizt oder in Sorge sind. Ich empfehle Ihnen, sich ein tiefes Behältnis in Ihrem Inneren vorzustellen, aus dem alle Gedanken hervorströmen. In diesem Behältnis, genau in der Mitte, visualisieren Sie die Flamme einer Kerze. Sie müssen nun dafür Sorge tragen, dass die Flamme in der Mitte des Behältnisses, das alle Ihre Gedanken birgt, nie auch nur ins Flackern gerät, selbst wenn Ihnen etwas wirklich Schlimmes zustößt. Das ist Ihr Gefäß des Friedens, und nur friedliche Gedanken vermögen die Kerze am Brennen zu halten. Es kommt nicht so sehr darauf an, Ihre Gedanken zu verändern, sondern vielmehr darauf zu lernen, die Energie des Friedens zu sein, die den Weg erhellt und heitere, harmonische Gedanken und Menschen anzieht. Auf diese Weise werden Sie selbst ein Wesen des Friedens.

Natürlich tragen Sie dieses innere Behältnis mit sich, wohin Sie auch gehen. Wenn irgendjemand versucht, Druck auf Sie auszuüben, wenn Sie sich überfordert fühlen oder wenn Situationen eintreten, die früher Stress in Ihnen ausgelöst oder Ihren Kampfesgeist geweckt haben, dann können Sie sich sofort an Ihre innere Flamme des Friedens wenden und sehen, wie Sie Ihr Licht am Leuchten erhalten können. Das heißt, der *Frieden zu sein*, den Sie sich für sich selbst wünschen. So bieten Sie Ihrem Wunsch, ein gelassener und umgänglicher Mensch zu sein, eine passende Schwingung, anstatt jemand zu sein, der darunter leidet, das Leben immer mehr zu beschleunigen. Die Ergebnisse dieses Verhaltens kennen Sie zur Genüge, und diese Stresssymptome fallen Ihnen sicher bei fast allen Menschen auf, die Ihnen begegnen.

Als Wesen des Friedens üben Sie einen enormen Einfluss auf Ihre Mitmenschen aus. Es ist fast unmöglich, total gestresst und überdreht in der Gegenwart eines Menschen aufzutreten, der beschlossen hat, *Frieden zu sein*. Frieden ist eine höhere Schwingung und eine feinere Energie – wenn Sie Frieden sind, sorgt allein schon Ihre Anwesenheit dafür, dass das Unwohlsein und die Spannung der Menschen in Ihrer Umgebung sich verflüchtigen. Dieser Zustand bewirkt, dass messbare Energie von Ihnen ausgeht. Sie wirken auf andere, die dann ebenfalls friedlicher werden, ohne sich dieser Transformation überhaupt bewusst zu sein. Das Geheimnis dieses Prinzips, in Ihrem Leben das Gleichgewicht wiederherzustellen, lässt sich folgendermaßen auf den Punkt bringen: *Seien Sie der Frieden und die Harmonie, die Sie sich wünschen.* Sie können beides nicht von außen bekommen.

Aber irgendwie sind Sie noch nicht bereit, den weisen Ratschlag von Nisargadatta anzunehmen und einfach zu sein? Dann arbeiten Sie daran, der Mensch mit dem inneren Licht einer ruhigen Kerzenflamme zu *werden*. Hier sind nun einige Übungen, um den Prozess, Frieden zu werden und zu sein in Gang zu setzen.

Wünschen Sie den Frieden, nach dem Sie sich selbst sehnen, auch anderen

Üben Sie sich darin, Frieden auszustrahlen, wohin Sie auch gehen, indem Sie sich vorstellen, dass nur friedliche Gedanken in Ihrem inneren Behältnis sind. Lassen Sie diese Energien frei fließen, wann immer es Ihnen möglich ist. Werden Sie zum Friedensstifter im Kreis Ihrer Kollegen, für die Mitglieder Ihrer Familie und vor allem in Ihrer Partnerschaft. Lassen Sie Ihr Ego außen vor, so dass es Ihre Kerzenflamme nicht zu löschen vermag. Bieten Sie dann jemandem, mit dem Sie oft Streit haben oder dem Sie unrecht getan haben, einen neuen, lichtvollen Gedanken an: »Was du sagst, ist ein gutes Argument; ich werde darüber nachdenken.« Oder: »Danke, dass du mir deine Meinung dargelegt hast; ich weiß sie zu schätzen.« Derartige Aussagen irritieren Ihr Gegenüber am Anfang, aber Sie wissen ja, dass Sie üben, ein Wesen des Friedens zu werden, indem Sie ausstrahlen, was Sie für sich selbst ersehnen.

Bitten

Bedienen Sie sich der Worte des heiligen Franziskus, um Frieden zu werden: »Mach mich zu einem Instrument deines Friedens.« Der Akt des Bittens verändert eine Menge, selbst wenn sich nicht gleich eine Reaktion einstellen sollte. Sobald Sie Ihre Bitte formuliert haben, werden Sie feststellen, dass Ihnen bereitwilliger gegeben wird, als Sie gedacht hätten. Im Laufe dieses Prozesses geben Sie Ihr Ego auf und ermöglichen es höheren, geistigen Energien, die obere Waagschale anzufüllen. So bringen Sie die Waage wieder ins Gleichgewicht.

Schalten Sie einen Gang zurück

Nehmen Sie sich Zeit. Ich möchte Sie dringend auffordern, die Zitate von Ramakrishna und Bertrand Russell am Anfang dieses Kapitels auf einen Zettel zu schreiben. Bringen Sie ihn dann an einer Stelle an, wo Sie ihn häufig im Blickfeld haben, und lassen Sie den Inhalt zu einem Bestandteil Ihres Wesens werden. Ihre Arbeit ist nicht schrecklich wichtig ... Ihre Pflichten sind nicht schrecklich wichtig ... Machen Sie es in Ihrem Leben zu Ihrer ersten und wichtigsten Priorität, *im Gleichgewicht mit der Quelle der Schöpfung zu sein.* Werden Sie bei gedrosseltem Tempo einfühlsamer und bitten Sie das Göttliche in Ihr Leben. Der Friede zu sein, den Sie sich wünschen, bedeutet, ein ausgeglichener Mensch zu werden, der keine Sorgen oder Stresssymptome anzieht.

Versuchen Sie, bewusst Ihr Tempo zu drosseln, indem Sie Ihren Geist entspannen. Nehmen Sie sich etwas mehr Zeit, um Ihr Leben auf dieser Erde zu genießen: Seien Sie mehr im Hier und Jetzt, indem Sie die Sterne betrachten, die Wolken, die Flüsse, die Tiere, ein Gewitter und die Natur um Sie herum. Und dann dehnen Sie eben diese verlangsamte liebevolle Energie auf alle Menschen aus. Fangen Sie bei Ihrer Familie an – nehmen Sie sich ein paar Stunden mehr Zeit, um mit Ihren Kindern zu spielen, sich ihre Ideen anzuhören, ihnen eine Geschichte vorzulesen. Unternehmen Sie mit dem Menschen, den Sie am meisten lieben, einen Spaziergang und sagen Sie ihm, welch einen enormen Stellenwert er in Ihrem Leben hat.

Erweitern Sie diese verlangsamte Perspektive schließlich auf Ihren Beruf, auf Ihre Gemeinde und auch auf Fremde. Bemühen Sie sich gezielt darum, beispielsweise jemandem, der mit Ihnen in einer Schlange steht, Ihren Platz anzubieten, anstatt zu drängeln, um als Erster dranzukommen. Machen Sie sich Ihre Bemühungen bewusst, der Frieden zu werden, den Sie sich wünschen, und ein Leben im Gleichgewicht zu führen, auch wenn Sie beispielsweise gerade Auto fahren. Sobald Sie Ihre Gedanken ruhiger werden lassen und den Entschluss fassen, Ihr Leben mehr zu genießen, bringen Sie Ihr Auto, wenn die Ampel auf Gelb schaltet, zum Halten, anstatt noch schnell durchzupreschen. Fahren Sie bewusst mit einem entspannten Tempo, anstatt in Hetze zwei Minuten früher anzukommen. Lassen Sie zu, dass sich andere Autos in den Verkehrsfluss einfädeln, indem Sie freundlich sind und nicht auf Ihr Recht pochen.

All das sind Möglichkeiten, den Prozess der Neuausrichtung einzuleiten. Werden Sie sich Ihres Wunsches bewusst, in Frieden zu sein, und passen Sie Ihre jeweils gegenwärtigen Gedanken diesem Wunsch an. Sie werden so einfühlsamer, ohne sich groß darum bemühen zu müssen, weil Sie Ihre innere Welt mit Ihrem Wunsch, im Gleichgewicht zu sein, in Einklang gebracht haben. Dann werden Sie feststellen, dass sich auch Ihr Körper harmonischer anfühlt, denn er wird weniger Stresssymptomen ausgesetzt sein. Ihr Körpergewicht wird sich optimieren, sobald Sie den Zustand des perfekten Gleichgewichts wiederhergestellt haben. Auch Ihre Haut wird dieses Gleichgewicht, also den inneren Frieden widerspiegeln, der Sie sind. Ihre Verdauung wird sich ohne die Hilfe von Medikamenten normalisieren. Ihr Schlaf wird ruhiger werden. Ihre Organe werden perfekt funktionieren. Mit einem Wort: Sie werden absolut ausgeglichen sein.

Sie werden aber nicht nur im Gleichgewicht sein, sondern – welch eine Ironie – Sie werden sogar mehr leisten können! Es wird mehr Fülle in Ihr Leben strömen, wenn Sie zum ersten Mal seit Ihrer Kindheit wieder mit sich selbst in Frieden sind. Befolgen Sie den Rat meines Lehrers Nisargadatta Maharaj: *Seien Sie einfach!*

Versuchen Sie es, und ich verspreche Ihnen, dass Sie eine friedliche Überraschung erleben werden.

Kapitel drei

*Das eigene Ohr
lässt sich
nicht
küssen*

**Ihr Selbstbild und das,
was Sie auf die Welt projizieren,
miteinander in Einklang bringen**

»Es ist mir gleichgültig, was andere von mir und meinem Tun halten, aber es ist mir absolut nicht gleichgültig, was ich von mir und meinem Tun halte. Das ist Charakter!«

THEODORE ROOSEVELT

»Es ist besser, für das, was man ist, gehasst, als für das, was man nicht ist, geliebt zu werden.« ANDRÉ GIDE

Das Eröffnungszitat von Theodore Roosevelt ist überzeugend und steckt gleichzeitig voller Ironie. Ihr Gleichgewichtspunkt spiegelt sich oft im Feedback der Menschen, auf deren Meinung Sie vertrauen und die Sie respektieren. Diese überaus wertvolle Möglichkeit sollten Sie nutzen. Wenn Sie Ihr Verhalten und Handeln beurteilen, ohne sich um die Meinung anderer zu kümmern, kann das ein Grund dafür sein, dass Sie aus dem Gleichgewicht geraten sind. Ich möchte hier nicht dafür plädieren, dass Sie sich durch Meinungen, Kritik oder auch durch das Lob von anderen in irgendeiner Weise blockieren, aufregen oder schmeicheln lassen. Misst man der Meinung anderer zu viel Bedeutung bei, kann das zur Folge haben, dass Lob oder Kritik die Waagschalen ins Ungleichgewicht kippen lassen. Ich möchte Ihnen nun zur Veranschaulichung dessen ein persönliches Beispiel geben.

Ich erinnere mich noch lebhaft an mein erstes Jahr an der Wayne State University. Ich war dort 1970 als Professor tätig. Eine kleine Gruppe graduierter Studenten hielt damals ein Referat, ein Bestandteil ihres Examens. Ich hörte, wie immer wieder jemand dazwischenredete und auch offen über einige der Kapriolen der Gruppe lachte; und ich saß da und wunderte mich, was daran so lustig war. Als schließlich immer mehr Studenten einen Blick in meine Richtung warfen, um meine Reaktion auf die Präsentation zu sehen, traf mich die Erkenntnis wie ein Schlag: Sie äfften mich nach! Ein Student hatte seinen Gürtel gelöst, um seinen schwammigen, hervorstehenden Bauch über dem Hosenbund sehen zu lassen. Andere in der Gruppe sprachen mit übertrieben lauter Stimme und gestikulierten wild herum, wobei sie die ganze Zeit unleserliches Gekritzel an die Tafel schrieben.

Und da saß ich also und sah mich selbst, wie ich auf eine Weise porträtiert wurde, die im absoluten Gegensatz zu dem stand, wie ich mich selbst sah und was ich auf die Welt projizierte. Dieser kleine Vorfall ist mir nach über fünfunddreißig Jahren noch gegenwärtig. Fast unmittelbar nach dieser Erfahrung traf ich die Entscheidung, mich ein für alle Mal von meinem hervorstehenden Bauch zu befreien; ich wollte eine optimale Figur. Auf diese harte Tour – indem ich nämlich zur Zielscheibe von Hohn und Spott geworden war – lernte ich auch, als Lehrer weniger dogmatisch zu sein.

Wir können anhand der Wahrnehmung anderer wirklich viel über uns selbst erfahren, wenn wir in der Lage sind, es anzunehmen. Meiner Erfahrung nach – und ich war an der Erziehung von acht Kindern beteiligt – besteht oft ein enormes Ungleichgewicht zwischen unserer Selbstwahrnehmung und wie der Rest der Welt uns sieht. Sich dieser Diskrepanz bewusst zu werden kann enorm hilfreich sein, wenn man ein erfüllteres und ausgeglicheneres Leben führen möchte. Natürlich werden Sie kaum Ihre gesamte Existenz darauf ausrichten wollen, wie angenehm Sie den Menschen in Ihrer Umgebung erscheinen. Ein ausgeglichenes Individuum verfügt über die Entscheidungsfreiheit, etwas zu verändern, insofern es mit dem Feedback gut umgehen kann, selbst wenn es nicht gerade schmeichelhaft ausfällt.

Vielleicht lautet die wichtigste Frage in diesem Zusammenhang: »Wie will ich wahrgenommen werden?« Jeder, der antwortet, dass ihm das egal sei, hat Scheuklappen angelegt – mit Sicherheit ein recht unausgewogener Lebensstil. Aber selbstverständlich ist es Ihnen wichtig! In einigen Fällen hängt Ihr Lebensunterhalt von der Antwort auf diese Frage ab. Sie möchten sich an einfühlsamen, intimen, liebevollen, fürsorglichen und auf gegenseitiger Unterstützung beruhenden Beziehungen mit anderen erfreuen. Es liegt in der Natur aller unserer zwischenmenschlichen Beziehungen, dass wir derartige Gefühle geben und empfangen wollen und den Wunsch haben, uns mit anderen verbunden zu fühlen.

Wenn Sie sich auch spirituelles Bewusstsein wünschen, dann müssen Sie dazu besser in Einklang mit Ihrer spirituellen Quelle sein. Es handelt sich dabei um eine Quelle der Liebe, Freundlichkeit, Freude, Schönheit, Urteilslosigkeit, Kreativität und endloser Fülle. Wenn Sie meinen, alle diese Qualitäten zu verkörpern, von Ihrem Umfeld aber völlig anders wahrgenommen werden, dann leben Sie aller Wahrscheinlichkeit nach in einer Traumwelt und verharren im Zustand der Unausgewogenheit.

Die Antwort, wie Sie in dieser Welt wahrgenommen werden wollen, ist absolut einfach: »Ich möchte als *ehrlicher Mensch* gesehen werden.« Sie möchten, dass die Wahrheit des Menschen, für den Sie sich halten, mit dem übereinstimmt, was Sie nach außen projizieren. Wenn Ihnen das nicht gelingt, sind Sie sich dessen auch bewusst, selbst wenn Sie diese Tatsache lieber ignorieren. Das Ungleichgewicht tritt während Ihrer täglichen Routine zutage, macht sich in Form von Gefühlen bemerkbar wie Aufregung, Verwirrung, Unwohlsein und dem Eindruck, missverstanden zu werden. »Was ich tue, ist doch gut gemeint. Warum sieht das nur keiner so? Ich will wirklich mein Bestes geben, aber ich werde irgendwie immer falsch verstanden oder falsch beurteilt.« Das führt zu einem konstanten Zustand der Frustration und sogar zu Ärger. Ihr besorgter oder trauriger emotionaler Zustand sagt: »Ich weiß, dass ich ein guter Mensch mit guten Absichten bin, aber wie es scheint, ist das keinem klar.«

Sie müssen den Entschluss fassen, sich auf einer energetischen Basis neu auszurichten; dann können Sie die Waagschalen mit Ihrem idealisierten Selbst und Ihrem realen Selbst, also dem, wie die meisten Menschen Sie wahrnehmen, ins Gleichgewicht bringen.

Das Gleichgewicht durch Neuausrichtung erlangen

Wenn Sie Ihr Selbstbild und den Eindruck, den Sie auf andere machen, miteinander in Einklang bringen, stellt sich das angenehme Gefühl ein, mit dem Leben in Harmonie zu sein. Sie suchen dann nicht mehr nach Zustimmung oder »betteln« um Respekt oder Liebe. Vielmehr entsprechen Sie dann Ihren eigenen Vorstellungen und sind ein zufriedener und ausgeglichener Mensch, der mit sich selbst im Reinen ist.

Diesen Zustand können Sie erreichen, indem Sie zuerst einmal darauf achten, unter welchen Umständen Sie sich falsch wahrgenommen fühlen, und dann entscheiden, ob Ihre Worte und Taten Ihren tiefsten Überzeugungen entsprechen. Diese

Überprüfung verschafft Ihnen fast im Handumdrehen eine Möglichkeit, das, was Sie nach außen projizieren, mit dem, was Sie eigentlich ausdrücken wollen, zu vergleichen. Das sollten wir uns etwas genauer ansehen. Vergessen Sie dabei nicht, dass jeder Gedanke, den Sie nähren, auch eine energetische Komponente aufweist.

Hier sind nun also einige der offensichtlichsten Eigenschaften, die beschreiben, wie Sie sich möglicherweise fühlen. Lassen Sie alles in Ruhe Revue passieren und behalten Sie dabei Ihr Ziel im Hinterkopf: Ihr Selbstbild und das, was Sie auf die Welt projizieren, miteinander in Einklang bringen. Der folgende »Ausrichtungscheck« erfordert absolute Ehrlichkeit sich selbst gegenüber und den Willen, Demut zu erfahren.

Ich bin ein liebevoller Mensch

Wenn Sie wünschen und auch glauben, dass das auf Sie zutrifft, dann sind Sie zu zwei Dritteln auf dem richtigen Weg, mit diesem Prinzip im Einklang zu sein. Neben Ihrem Wunsch, ein liebevoller Mensch zu sein, und Ihrer Überzeugung, dass Sie ein liebevoller Mensch *sind*, gibt es noch ein drittes entscheidendes Element: wie andere Sie wahrnehmen. Falls Sie sich missverstanden oder ungeliebt fühlen sollten, müssen Sie dazu beitragen, dass das liebevolle Wesen, als das Sie sich sehen und das Sie sein wollen, auch von anderen so gesehen wird. Nur so lassen sich die Waagschalen ins perfekte Gleichgewicht bringen.

Hier sind nun einige Verhaltensweisen aufgelistet, die kontraproduktiv sind, wenn Sie als liebevoller Mensch wahrgenommen werden wollen; sie sorgen somit für ein Ungleichgewicht:

- Starker Hass auf Einzelpersonen oder auf eine Gruppe – Sie sind aus dem Gleichgewicht.
- Jede Form von Gewalt, einschließlich aggressiver verbaler Ausbrüche – Sie sind aus dem Gleichgewicht.
- Vergnügen an Filmen, die Gewalt darstellen – Sie sind aus dem Gleichgewicht.
- Herabwürdigen der Ansichten anderer mit dem gleichzeitigen Anspruch, selbst die überlegenen Überzeugungen zu haben – Sie sind aus dem Gleichgewicht.

Wenn Sie sich neu ausrichten wollen, müssen Sie für das gewünschte Gleichgewicht sorgen, indem Sie wichtige Menschen in Ihrem Leben um eine Einschätzung bitten. Fragen Sie sie, ob Sie sich als der liebevolle Mensch mitteilen, für den Sie sich halten. Dann überprüfen Sie Ihre Gedanken, um zu sehen, inwieweit sie mit Ihrem Selbstbild übereinstimmen. Und schließlich sollten Sie Ihre liebevollen Gedanken zur treibenden Kraft machen, die Ihr liebloses Verhalten umwandelt. Das ist wahre Ausrichtung.

Stellen Sie sich die Welt wie einen großen Spiegel vor, der exakt reflektiert, was Sie sind. Wenn Sie ein liebevoller Mensch sind, dann erscheint Ihnen auch die Welt wie ein liebevoller Ort, und Sie werden entsprechend wahrgenommen. Sie sind dann im Einklang – Ihr Selbstbild und das, was die Welt Ihnen spiegelt, stimmen miteinander überein. Erscheint Ihnen die Welt weiterhin als ein liebloser und wenig lebenswerter Ort, dann sollten Sie unbedingt die von Ihnen nach außen projizierten Gedanken und die damit verbundene Energie überprüfen.

Ich bin ein freundlicher Mensch

Ihre Waagschalen können nicht im Gleichgewicht sein, wenn Sie mir gegenüber freundlich sind, den Kellner aber unfreundlich behandeln. Wenn Sie anderen arrogant begegnen – selbst wenn Sie meinen, dass Ihr Verhalten gerechtfertigt sei –, dann werden Sie genau so wahrgenommen und definiert. Es muss Ihnen bewusst sein, dass Sie unter diesen Voraussetzungen nicht wie ein ausgeglichener, freundlicher Mensch wirken.

Vielleicht sind Sie im Umgang mit Kindern und älteren Menschen sehr freundlich und einfühlsam, möglicherweise sogar mit allen Menschen auf Erden. Aber wenn Sie nur eine einzige Großmutter, die gerade ihre Enkel in die Schule bringt, zornig anhupen, weil sie zu langsam fährt, dann sind Sie aus dem Gleichgewicht – und wie! Der Unterschied zwischen Ihrem idealisierten Selbst und dem, wie andere Sie wahrnehmen, ist groß und erzeugt ein reales Gefühl von Ungleichgewicht in Ihnen, das sich als Persönlichkeitsstörung manifestieren kann. Sie wissen, dass Sie Ihrem eigenen Selbstbild nicht entsprechen, und andere Menschen machen Ihnen das immer häufiger klar.

Sie sind der einzige Mensch, der für die Entscheidung verantwortlich ist, Ihre Schwingungsfrequenz dem Wunsch anzupassen, als freundlicher Mensch gesehen zu werden. Sie können lernen zu bemerken, wann Sie mit diesem Wunsch nicht in Einklang stehen: Einen unfreundlichen Gedanken können Sie augenblicklich streichen und sich somit im Handumdrehen für Harmonie entscheiden. Wenn Sie jemanden verfluchen, können Sie sich just in dem Moment dagegen entscheiden und Ihre Gedanken freundlicher ausrichten. Um Ihren Wunsch zu verwirklichen, ein freundlicher Mensch zu sein, verbringen Sie bewusst jeden Tag eine Weile damit, Ihre Gedanken darauf auszurichten. Das Universum wird dann mit Ihnen kooperieren und immer mehr Freundlichkeit in Ihr Leben bringen.

Ich bin ein freudvoller, glücklicher Mensch

In dieser Kategorie geht es vordergründig um Ihre Gefühle. Sie müssen ihnen also ungeteilte Aufmerksamkeit schenken. Fühlen Sie sich die meiste Zeit gut oder sind Sie ein Mensch, der unbewusst nach Gelegenheiten sucht, um beleidigt zu sein? Sind Sie glücklich und zufrieden oder ärgern Sie sich leicht über das Fehlverhalten anderer? Verwandelt sich Ihre Freude schnell in Niedergeschlagenheit, wenn Sie Zeitung lesen oder Nachrichten hören? Glauben die Menschen in Ihrem Umfeld wirklich, dass Sie mit Ihrem Alltag zufrieden sind? Hören Sie regelmäßig, wie andere sagen, dass Sie »nicht Trübsal blasen« oder »von der Palme herunterkommen« und dass Sie sich »nicht so reinsteigern sollen«? All das sind Hinweise auf ein Ungleichgewicht zwischen dem, wie Sie sich sehen und dem, was Sie auf andere projizieren. Der hier nötige Ausrichtungscheck beinhaltet, auf die eigenen Gefühle zu achten und die Fähigkeit, positive Gefühle aufrechtzuerhalten. Außerdem gilt es, darauf zu hören, was Ihnen vertraute Menschen an Rückmeldungen geben.

Sie sind ein freudvoller Mensch, wenn Sie aus purer Freude heraus leben, diese wann immer möglich ausstrahlen und wenn Ihre Gesellschaft Menschen Freude bereitet. Hier sind nun einige Vorschläge, um die entsprechenden Waagschalen wieder ins Gleichgewicht zu bringen:

- ❀ Nehmen Sie sich vor, überall nach Freude Ausschau zu halten.
- ❀ Geben Sie, wann immer möglich, freudige Kommentare ab.
- ❀ Verbreiten Sie Fröhlichkeit bei anderen, selbst wenn Sie anfangs nur so tun.
- ❀ Demonstrieren Sie so oft wie möglich Ihre Wertschätzung, anstatt sich bei den negativen Dingen aufzuhalten.
- ❀ Nutzen Sie jede Gelegenheit, um Freude auszustrahlen.

Wenn Sie Freude zu Ihrer gewohnten Reaktionsweise auf die Welt machen, bringen Sie die Waagschalen wieder ins Gleichgewicht – also auf der einen Seite, wie Sie sich sehen und auf der anderen, wie Ihre Einstellung dem Leben gegenüber von anderen wahrgenommen wird. Strahlen Sie Energie aus, die bewirkt, dass andere sich bedroht fühlen, unwohl oder sich nicht in Ihrer Gesellschaft aufhalten wollen, dann sind Sie schlichtweg aus dem Gleichgewicht. Sind Sie sich Ihrer Wirkung auf andere nicht sicher, sollten Sie mit Menschen, die Ihnen gegenüber aufrichtig sind, Bestandsaufnahme machen, um herauszufinden, inwieweit Ihre Selbstwahrnehmung mit dem Eindruck konform geht, den Sie bei anderen hinterlassen.

Ich bin ein unvoreingenommener Mensch

Wenn Sie wirklich unvoreingenommen sind, dann ist es Ihnen unmöglich, Menschen zu kategorisieren oder zu generalisieren im Stil von: alt, aus dem Süden, ungebildet, junger Spund, konservativ, liberal usw. Ein Stereotyp ist ein Urteil – Sie können nicht unvoreingenommen und gleichzeitig kritisch sein, wie Menschen reden, essen, sich kleiden, soziale Kontakte pflegen, tanzen oder was auch immer. Wenn Sie glauben, unvoreingenommen zu sein, aber zugeben müssen, dass Sie zu Verallgemeinerungen und Kritik neigen, dann sind Sie aus dem Gleichgewicht! Sie sind fällig für eine Neuausrichtung, damit Ihre gegenwärtigen Gedanken – und schließlich Ihre Verhaltensweisen – mit Ihrem inneren Selbstbild übereinstimmen.

Treffen Sie die bewusste Entscheidung, nach all dem Ausschau zu halten, was an anderen positiv und angenehm ist. Gewöhnen Sie es sich an, Ihren Mitmenschen Komplimente zu machen. Beschließen Sie, Stereotypen zu meiden und weigern Sie sich, an Gesprächen teilzunehmen, die Urteile über Dritte zum Inhalt haben. Verwandeln Sie Urteile in Segnungen, um das Ungleichgewicht zwischen dem, wie Sie sein wollen und wie Sie sich der Welt gegenwärtig präsentieren, aufzuheben.

Wenn Sie ein unvoreingenommener Mensch sein möchten und mit anderen auf dieser Ebene zusammenkommen wollen, dann lege ich Ihnen nahe, Ehrfurcht und Staunen für die Schönheit zu entwickeln, die allen Menschen und Dingen innewohnt. Bereiten Sie Ihrer Gewohnheit ein Ende, immer auf das zu achten, was Ihnen *nicht* gefällt, und halten Sie stattdessen gezielt nach allem Ausschau, was Ihnen positiv erscheint. Fassen Sie dann in Worte, was Sie entdeckt haben. Das ist eine Möglichkeit, bedingungslose Akzeptanz als neue Gewohnheit zu festigen.

Selbst wenn Ihre Urteile nur gedanklich aufscheinen, möchte ich Ihnen dringend raten, derartige Gedanken sofort zu verändern, nachdem sie Ihnen bewusst geworden sind. Wenn Sie z. B. einen fettleibigen Mann sehen und denken: »Der ist aber eklig«, dann richten Sie sich so aus, dass Sie Ekel förmlich anziehen. Bringen Sie diese Energie wieder ins Gleichgewicht, indem Sie dieser Person einen stillen Segen schicken. Auf der unvoreingenommenen Seite der Waage denken Sie, wie viel Liebe und Unterstützung dieser Mann gebrauchen könnte. Ich kann Ihnen garantieren, dass Sie den Unterschied innerlich spüren werden und gleichzeitig eine empathische Verbindung mit demjenigen empfinden. Die Energie der Unvoreingenommenheit ist völlig im Gleichgewicht – im Gegensatz zur Energie der Verachtung oder anderer negativer Haltungen.

Werden Sie sich all Ihrer Verhaltensweisen und Gefühle bewusst. Versuchen Sie dann festzulegen, ob Sie mit der Vision, die Sie von Ihrer eigenen Person haben, im Einklang sind und ob dieses Selbstbild auch von anderen so gesehen wird. Wenn Sie ein Ungleichgewicht bemerken, empfinden Sie sofort eine Disharmonie – und in diesem Moment können Sie den Entschluss fassen, Ihre Gewohnheiten so zu verändern, dass sie Ihren Wünschen entsprechen. So sorgen Sie in Ihrem Leben wieder für Harmonie.

Der Schriftsteller D. H. Lawrence formulierte einmal folgende Beobachtung: »Was man sich intuitiv wünscht, liegt im Bereich des Möglichen.« Dem kann ich mich nur anschließen. Aber dennoch müssen Sie sich immer wieder die Frage stellen: »Geht mein Wunsch mit dem konform, was ich der Welt gebe?« Dann ist das Gleichgewicht hergestellt, und Erfüllung ist der Lohn.

Kapitel vier

Ihre Abhängigkeit sagt Ihnen:
»Du kriegst
nie genug von dem,
was du nicht willst.«

Ihre Wünsche und Ihr Suchtverhalten
miteinander in Einklang bringen

»Der Gerechte fällt siebenmal, und steht doch wieder auf.«
SPRÜCHE 24:16

»Vielleicht ist alles Schreckliche in tiefstem Grunde das Hilf-
lose, das von uns Hilfe will.«   RAINER MARIA RILKE

Wenn ich die neun Gewohnheiten, die ich in diesem Buch diskutiere, bewerten müsste, so würde diese hier sicher einen Preis als die unglaublichste erhalten: *Unsere wertvolle Lebensenergie damit vergeuden, hinter etwas herzurennen, das wir nicht wollen, und nie genug von dem zu bekommen, was wir eigentlich gar nicht wollen – egal was es ist, hinter dem wir so unnachgiebig her sind!* Zum Glück ist das ein Ungleichgewicht, das sich relativ einfach korrigieren lässt – allem zum Trotz, was man uns über die Schwierigkeiten bei der Überwindung einer Sucht gesagt hat. Das Konzept, eine Abhängigkeit zu *bekämpfen* und zu *besiegen* ist der falsche Ansatz. Ich glaube, dass wir langsam diese Worte aus unserem Vokabular streichen sollten. Martin Luther King jr. bemerkte einmal, dass der einzige Weg, aus einem Feind einen Freund zu machen, die Liebe sei, nicht Hass oder Kampf.

Wir besiegen nichts, und es gibt nichts zu bekämpfen

Betrachten wir einmal die Ergebnisse, die wir beim Versuch erzielen, etwas zu bekämpfen, um es zu besiegen. So gibt es zum Beispiel, seit der Armut der Krieg erklärt wurde, nur noch mehr Armut auf der Welt. Unser Feldzug gegen die Drogen hat die Gefängnisinsassen verdreifacht und mehr sowie jüngere Menschen zu illegalen Substanzen greifen lassen. (Schon die Acht- oder Neunjährigen wissen heute, wie sie an alle möglichen Drogen herankommen können.) Unser Krieg gegen das Verbrechen hat zu mehr Kriminalität geführt, zu mehr Angst, mehr Überwachung, mehr Misstrauen und mehr Missbrauch auf Seiten des Strafvollzugs. Unser Krieg gegen den Terror hat uns zu Menschen gemacht, die sich sogenannten *Terroristen* gegenüber auf eine Weise verhalten, die den Terrorismus nur noch schürt, obwohl wir ihn eigentlich ausrotten wollen. Als Amerika dem Irak offiziell den Krieg erklärt hat, zogen die USA mehr Hass auf sich, und die Anzahl an Selbstmordattentätern vervielfachte sich drastisch. Und unsere Feldzüge gegen Krebs, Fettsucht und Hunger haben auch keine nennenswerten Besserungen erzielt.

Die Logik, die hinter dem steht, was ich gerade dargelegt habe: Die Wahrheit des Universums ist, dass wir in einem Energiesystem leben, das auf dem Gesetz der Anziehung beruht. Das bedeutet, dass wir werden, was wir den ganzen Tag lang denken. Beschäftigen wir uns gedanklich mit Dingen, die wir ablehnen, ist das Energie, die wir unseren Wünschen anbieten. In diesem System ziehen wir immer mehr von dem an, was wir denken. Demzufolge ziehen wir also auch mehr davon an, was wir gedanklich ablehnen. Wir handeln auf der Basis unserer Gedanken: Gedanken voller Hass, Gewalt, Auseinandersetzungen und Krieg schaffen Handlungsweisen voller Hass, Gewalt, Auseinandersetzungen und Krieg. Und ganz unweigerlich machen sich dann die Früchte dieses Denkens bemerkbar, selbst wenn unsere Absichten positiv auf die göttliche Energie ausgerichtet sind. Wir bekommen, woran wir denken, ob uns das lieb ist oder nicht.

Gedanken, die Auseinandersetzungen und Krieg beinhalten, sind fast immer eine Garantie dafür, dass deren Auswirkungen sich gemäß unserem Wunsch gestalten – zu kämpfen und zu besiegen. Diese Art Kraft bzw. Gegenkraft kann über Jahrhunderte währen, wobei bereits ungeborene Generationen darauf programmiert sind, mit dem Kämpfen fortzufahren.

Das gleiche Verständnis, wie Kämpfe uns schwächen und mehr Ungleichgewicht in unserem Leben erzeugen, lässt sich auf unsere Erfahrungen mit Sucht anwenden. Wir können uns relativ schnell von einer Abhängigkeit befreien, wenn wir den Entschluss fassen, Konzepte wie Kämpfen und Erobern aus unseren Bemühungen zu streichen. Die Gedanken und die Energie, die das Kämpfen ersetzen, müssen eine friedliche Einstellung beinhalten. Wie Emerson so prägnant gesagt hat: »Das Heilmittel aller Übel, die Heilung von Blindheit, die Heilung von Verbrechen, liegt in der Liebe ...« Und Abhängigkeiten jeder Art sind ein Riesenübel, das darf ich Ihnen versichern, nachdem ich selbst einen Großteil meines Lebens in diesen Wahnsinn verstrickt war.

Von Übel erfülltes Denken überwinden

Für all diejenigen unter Ihnen, die meinen Freund Ram Dass nicht kennen, ein paar Worte vorab: Ende der 1960er Jahre hat Ram Dass mit seinem Bestseller »Sei jetzt hier« einen Beitrag dazu geleistet, das Bewusstsein einer ganzen Generation zu wecken.

Eine meiner liebsten Ram-Dass-Geschichten ist die Folgende: Er erzählt darin von einer frühen Begegnung mit Neem Karoli Baba, seinem Guru in Indien. Ram Dass hatte einige Kapseln mit nach Indien genommen, die den Bewusstseinszustand dramatisch verändern sollten. Neem Karoli Baba sprach Ram Dass auf diese Pillen an und bat ihn, ihm alle zu geben. Ram Dass hatte gedacht, einen lange ausreichenden Vorrat dieser überaus wirksamen Substanz mitgenommen zu haben – und nun sah er mit Entsetzen und Erstaunen, wie dieses erleuchtete Wesen vor seinen Augen alle auf einmal schluckte – ohne ersichtliche Reaktion. Sein Guru fragte ihn dann, ob er noch welche habe, da die Kapseln ja offensichtlich keine Wirkung zeigten. Nachdem er diese Geschichte erzählt hatte, schloss Ram Dass mit einer seiner weisesten Beobachtungen überhaupt: »Wenn du schon in Detroit bist, musst du keinen Bus nehmen, um dort hinzukommen.«

Jede Art Sucht ist ein Fahrzeug, in das Menschen einsteigen, um zu einem höheren Ort zu gelangen, der angenehmer, friedlicher, stimmiger, aufregender usw. ist. Doch wenn man bereits mit dieser Energie im Einklang ist, dann ist es offensichtlich unnötig, ein Hilfsmittel einzusetzen, das zu einem Ziel fährt, an dem man sich ja bereits aufhält.

Ich habe eine lange Zeit meines Lebens mit verschiedenen Arten von Sucht und suchtartigem Verhalten herumgespielt. Und ich würde tatsächlich behaupten, dass diese unterschiedlichen Abhängigkeiten mit zu meinen bedeutendsten Lehrern gezählt haben. Sie haben mich erkennen lassen, dass es ein höheres Bewusstseinsniveau und herrliche Bewusstheit gibt, zu der wir alle Zugang haben. Aber ich bin mir auch im Klaren darüber, dass die Einnahme irgendwelcher Substanzen, die uns letztendlich nicht guttun, sicherlich das falsche Mittel ist, um diese Realität zu erfahren.

Das Schema sieht in etwa so aus: Wir müssen immer mehr von dem haben, was wir uns wünschen. Je mehr wir davon zu uns nehmen, desto mehr brauchen wir. Je mehr wir konsumieren, desto weniger effektiv ist es. Und, um auf dieses enorme Ungleichgewicht noch eins draufzusetzen: Was wir zu uns nehmen, um Befriedigung zu erfahren, ist für unser Wohlbefinden das reinste Gift. Die Sucht verstärkt unser Ungleichgewicht. Wir wünschen uns Herrlichkeit, Frieden, Liebe, Gesundheit, Freiheit usw., doch durch unser Suchtverhalten bekommen wir genau das Gegenteil. Passiert das unbemerkt, werden Körper und Geist geschädigt, bis es uns schließlich zerstört.

Mittlerweile bin ich nun im Wesentlichen frei von Sucht, und ich möchte Ihnen versichern, dass ich das nicht geschafft habe, indem ich gegen mein Suchtverhalten angekämpft habe. Je mehr ich eigentlich versucht habe, in verschiedenen Stadien meines Lebens meine Sucht nach Zucker, Limonade, Koffein, Nikotin, Alkohol und bestimmten Medikamenten zu besiegen, desto mehr Macht hatten sie über mich. Kraft und Gegenkraft: Ich brachte meine Waffen zum Einsatz, und sie führten ihre Artillerie ins Feld, wobei mein Körper das Schlachtfeld abgab, wo die Kriegshandlungen ihren Lauf nahmen. Ich rutschte somit immer übler in die Sucht hinein. Vorhin habe ich Ralph Emerson zitiert, der sagte: »Das Heilmittel für alle Übel ist die Liebe.« Wie anders würde sich alles gestalten, wenn wir diesen Rat befolgen würden? Die beiden Schlüsselwörter hier sind »Übel« und »Liebe«. Wir wollen sie nun einmal genauer unter die Lupe nehmen.

Übel

Weshalb wird Sucht als ein Übel bezeichnet? Immer mehr von etwas zu fordern, das Körper und Geist mit Vehemenz verachten, ist Sucht. Wer die »schiefe Welt« der Sucht dem Gleichgewicht vorzieht, das schließlich ein spirituelles Erbe darstellt, verzerrt sein Geburtsrecht total. Wer so handelt, führt sein Leben falsch. Und das halte ich wahrhaftig für ein Übel, das sich durch Liebe ins Gleichgewicht bringen lässt.

Sie sind einer unsichtbaren geistigen Energie reinen Wohlseins entsprungen. Es ist Ihr naturgegebener Wunsch, gedanklich und in Ihren Handlungen diesem Ursprung zu entsprechen – und zwar jetzt, in diesem Leben, in diesem Augenblick in Ihrer körperlichen Gestalt. Sie wünschen sich Harmonie und Sinnhaftigkeit, und zwar bereits bevor Sie Ihren Körper verlassen, sprich: sterben müssen. Im Rahmen dieser Interpretation suchen Sie also ein Gleichgewicht, das es Ihnen gestattet zu »sterben«, während Sie noch am Leben sind.

Bei Ihrem Tod werden Sie zum universellen Geist zurückkehren, zur Formlosigkeit. Diese Erfahrung können Sie aber auch jetzt bereits als beseelter Körper machen – in wahrhaftig erleuchtetem Gleichgewicht zu leben, als Manifestierung des universell Göttlichen. Ihr Wesenskern speist sich nicht aus Giftstoffen. Er speist sich aus Wohlsein, Gleichgewicht und müheloser Perfektion. Das ist Ihr geistiges Erbe. Und die Liebe vermag die Übel zu korrigieren, die Sie von Ihrem geistigen Selbst entfernen.

Liebe

Weshalb ist Liebe ein Gegenmittel gegen Sucht? Das ist überaus einfach: Weil Liebe ist, was Sie sind; sie ist das Zentrum Ihrer individuellen Schöpferkraft. Sie ist Ihr Ausgangspunkt und kann das anziehen, was Sie brauchen, damit es Ihnen rundum gutgeht. Wie Karl Menninger seinen Patienten und allen Leidenden, die es hören wollten, einmal gesagt hat:

»Liebe heilt den, der diese Liebe empfängt, aber auch den, der diese Liebe gibt.« Indem Sie Ihr Suchtverhalten überwinden, haben Sie die Möglichkeit, sowohl Gebender wie auch Nehmender zu sein, den spirituellen Balsam der Liebe also zu schenken wie auch zu empfangen. Wenn sich seine Wirkung dann entfaltet, fühlen Sie, wie das Gleichgewicht wieder in Ihr Leben Einzug hält. In diesem neuen und doch vertrauten Zustand werden Sie keine falsch verstandene »Freiheit« mehr verfolgen, und nicht länger das anziehen, was Sie eigentlich gar nicht wollen. Stattdessen werden Sie das natürliche Gleichgewicht wiederherstellen, indem Sie mit Ihrem wahren Wesen verbunden sind.

Sich wieder mit dem Wohlsein verbinden

Unser Hang zu Suchtverhalten nimmt messbar ab, sobald wir damit beginnen, uns wieder mit der Quelle allen Seins zu verbinden. Es wurden schon viele Bücher zum Thema Überwindung von Sucht geschrieben. Zahllose Rehabilitatiosprogramme und Zentren bieten Menschen Hilfe an, die sich aus eigener Kraft nicht von Drogen, Alkohol, Essen, Koffein, Sex, Glücksspiel oder was auch immer befreien können und die hinter etwas her sind, das eigentlich nicht wünschenswert ist.

Ich unterstütze jede Art Programm, das diesen Menschen hilft, aus diesem aus dem Gleichgewicht geratenen Kreislauf auszubrechen. Mein Beitrag hier beläuft sich auf eine knappe Beschreibung der Schlüsselpunkte, die mir persönlich sehr geholfen haben, um mich von jeglicher Sucht zu befreien. Die folgenden fünf Gedanken haben mich darin unterstützt, mein aus dem Gleichgewicht geratenes Denken und Verhalten zu durchbrechen. Mit ehrlicher und aufrichtiger Übung können diese Punkte zu einem neuen Gefühl von Selbstbestimmung und Wohlsein beitragen, das es Ihnen gestattet, frei von ungewollter Sucht zu sein.

1. Neuausrichtung – der springende Punkt

Dieser Punkt steht an erster Stelle, denn wenn Sie ihn wirklich verinnerlichen, haben Sie nie den Wunsch, etwas zu verfolgen, das Sie eigentlich gar nicht wollen. Sie sehnen sich nach Harmonie, und Sie wünschen sich Wohlsein. Sie sind dem Wohlsein entsprungen, und somit müssen Sie nur Gedanken wählen, die mit diesem Ursprung im Einklang sind, um sich neu auszurichten, also zu fokussieren.

Üben Sie sich im stillen Gebet, wo und wann immer es Ihnen möglich ist. Gestalten und variieren Sie Ihre Gebete wie in diesem Beispiel, das einem Gebet des heiligen Franziskus entnommen ist: »Mach mich zu einem Instrument deines Wohlseins.« Achten Sie darauf, stets die Energie des Wohlseins aus Ihrer geistigen Quelle anzurufen. Seien Sie wie ein Tier, das nie einen Gedanken daran verschwenden würde, etwas zu verfolgen, das es nicht möchte. Warum jagen Vögel keine Schmetterlinge? Weil sie giftig sind. Haben Sie je von einem Rotkehlchen gehört, das in Therapie ist, um seinen Wunsch zu überwinden, Schmetterlinge zu fressen? Ja sicher, das klingt absurd, aber die Botschaft als solche ist hilfreich.

Denken Sie also wie ein Mensch, dem es rundum gutgeht. Schließlich werden Sie wie die göttliche Seele denken, die Sie wahrhaft sind, und dann in Schwingungsharmonie mit dem Wohlsein als Ihrer wahren Natur sein.

2. Lieben Sie Ihre Sucht

Handelt es sich in Ihrem Fall ums Essen, lieben Sie es. Handelt es sich um Kokain, lieben Sie es. Sind es Schmerzmittel, lieben Sie sie. Sind es Zigaretten, lieben Sie sie ebenfalls. Sie alle zählen zu Ihren wichtigsten Lehrmeistern. Sie machen Ihnen anhand direkter Erfahrung deutlich, was genau Sie nicht mehr sein wollen. Sie führen Sie aus irgendeinem Grund in die Tiefen Ihres Selbst, weil sie Bestandteil eines intelligenten Systems sind. In einem Universum, das von Allwissenheit und Allmacht gestützt ist, gibt es keine Zufälle. Seien Sie diesen Lehrern also dankbar.

Wenn Sie sie hassen, verfluchen und versuchen, Ihre jeweilige Sucht zu bekämpfen, dann lassen Sie die bildlichen Waagschalen in Richtung Hass und Kampf pendeln. Sie jagen dann weiterhin hinter etwas her, das Sie nicht wollen, weil Sie sich in einem geschwächten Zustand befinden. *Kämpfen macht schwach; Liebe macht stark.*

Lassen Sie die Waagschalen also in Richtung Liebe pendeln. Seien Sie dankbar für Ihre jeweilige Sucht, die Sie so viel gelehrt hat. Tun Sie das, machen Sie die ersten Schritte auf die Liebe zu, die Sie Ihrem Wesen nach sind.

3. Lieben Sie sich selbst

Das ist die natürliche Folge, wenn man sich entschließt, seine Sucht zu lieben. Betrachten Sie Ihren Körper als einen heiligen Tempel und behandeln Sie ihn mit Liebe. Seien Sie sich aller Organe bewusst, jedes Tropfen Bluts, aller Gliedmaßen und Zellen, die Ihren Körper ausmachen – und seien Sie allen dankbar. Fangen Sie gleich jetzt damit an, indem Sie ein stilles Gebet der Dankbarkeit für Ihre Leber, Ihr Herz und Ihr Gehirn sprechen. Sagen Sie einfach: »Danke für dieses herrliche Geschenk. Ich weiß es zu schätzen, und mit deiner göttlichen Hilfe will ich heute den Prozess in Gang setzen, es bedingungslos zu lieben.« Wenn Sie sich weiterhin zu Substanzen hingezogen fühlen, die Sie eigentlich verachten, sprechen Sie dieses stille Gebet, bevor Sie sie einnehmen. Liebe wird dann schließlich mehr Gewicht bekommen und Ihr Leben wieder ins Gleichgewicht bringen.

Einer meiner liebsten Dichter, der Amerikaner Henry W. Longfellow, hat es einmal so formuliert: »Wer sich selbst Respekt entgegenbringt, ist vor anderen sicher; er trägt einen Mantel als Rüstung, den niemand zu durchbohren vermag.« Wenn wir uns selbst wirklich respektieren und lieben, ist das, als hätten wir ein Schutzschild in Form eines flexiblen Panzers, der uns vor dem süchtigen *anderen* schützt, der Teil unseres Lebens ist.

4. Befreien Sie sich von Scham

Sie haben nichts falsch gemacht. Sie haben nicht versagt – Sie haben nur Ergebnisse hervorgebracht. Die Frage ist nicht, wie schlecht Sie waren; es geht vielmehr darum, wie Sie mit den Ergebnissen umgehen wollen. Wenn Sie sich für Scham- und Schuldgefühle entscheiden, dann wählen Sie genau die emotionale Reaktion, die Sie am meisten schwächt. Egal, wie Sie momentan zu Ihrer Sucht stehen, es hat alles seine Richtigkeit. Sie mussten die Tiefs durchleben, die Menschen enttäuschen, so weit sinken. Sie haben diese aus dem Gleichgewicht geratene Energie gebraucht, um mit ihrer Hilfe neue Gedanken zu entwickeln, die Sie da rausholen und wachsen lassen.

In den Augen Gottes sind Sie dennoch ein göttliches Wesen, trotz Ihrer Schwäche, von der Sie meinen, dass Sie mit der Liebe Gottes nicht vereinbar sei. Sie haben alle diese Erfahrungen benötigt, und jetzt, da Sie darüber nachdenken, können Sie sie überwinden und sich wieder mit Ihrer geistigen Quelle des Wohlseins verbinden. Scham ist Ihnen nur hinderlich und wirft Sie in diese absurd aus dem Gleichgewicht geratene Welt zurück, in der Sie nie genug von dem bekommen, was Sie gar nicht wollen.

5. Leben Sie aus einem neuen Wissen heraus

Visualisieren Sie einen inneren Raum, zu dem nur Sie und die göttliche Energie Zutritt haben – also einen sehr intimen Ort. In diesem inneren Raum hängen Sie ein Schild mit den Worten »Ich weiß« an die Wand. Das ist Ihre unsichtbare Verbindung zu Gott; dort definieren Reinheit und Wohlsein Ihr neues, suchtfreies Selbst. Ganz egal, wie viele Menschen Ihnen misstrauen und Sie erinnern, wie viele Male in der Vergangenheit Sie Ihre Versprechen schon nicht gehalten haben, dies ist Ihr *Raum des Wissens*.

Aus diesem unerschütterlichen Raum heraus bitten Sie um göttliche Führung. Bitten Sie darum, dass die ekstatische Energie der Reinheit und des Wohlseins direkt in Ihr Herz fließen mögen. Wenn Ihnen ein Fehler unterläuft, kehren Sie sofort wieder in diesen Raum des Wissens zurück. Verzeihen Sie sich und sehen Sie vor Ihrem geistigen Auge, wie Sie von der Liebe Gottes umgeben sind, die Sie wieder in Einklang mit Ihren wahren Bedürfnissen bringt. Als ein Mann, der selbst dort war, kann ich Ihnen versprechen, dass Ihnen die Anleitung, Führung und Stärke zuteilwird, die Sie brauchen – und dass Sie bekommen werden, was Sie wirklich wollen und nicht, was Sie eigentlich ablehnen.

Die Überwindung Ihres von Sucht geprägten Denkens beginnt und endet damit, dass Sie ein Bewusstsein dafür entwickeln, mit Hilfe Ihres göttlichen Ursprungs alles zu haben, was Sie in diesem Augenblick benötigen, um Ihrem Ungleichgewicht ein Ende zu bereiten. Wie ein altes hinduistisches Sprichwort so schön sagt: »Gott gibt jedem Vogel Futter, aber er wirft es ihm nicht ins Nest.« Daran sollten wir denken.

Richten Sie sich auf Gott aus und fliegen Sie ohne die Last der Abhängigkeit auf den Schultern. Ich verspreche Ihnen, dass es viel aufregender ist, im Gleichgewicht und frei von jeglicher Sucht zu sein!

Kapitel fünf

*Sie sind nicht,
was Sie essen; Sie sind,
welche Überzeugungen Sie
von dem haben, was Sie essen*

**Ihren Wunsch nach einem Körper,
der sich gut anfühlt, und Ihre Ernährungs-
und Bewegungsgewohnheiten
miteinander in Einklang bringen**

»Vernachlässige diesen Körper nicht. Er ist das Haus Gottes;
sorge für ihn; nur in diesem Körper kann Gott zum Ausdruck kommen.«   NISARGADATTA MAHARAJ

»Indem wir leidenschaftlich an etwas glauben, das noch gar
nicht existiert, erschaffen wir es. Was nichtexistent ist, haben wir uns nur noch nicht ausreichend stark gewünscht.«

NIKOS KAZANTZAKIS

hre Überzeugungen spiegeln den derzeitigen Gesundheitszustand, in dem Ihr Körper sich befindet. Das Gleiche trifft auch auf Ihre Ernährungs- und Bewegungsgewohnheiten zu. Wenn Sie sich einen rundum gesunden Körper wünschen, jedoch ein ungesundes Verhalten an den Tag legen, dann geraten Sie unwillkürlich aus dem Gleichgewicht. Doch noch aussagekräftiger sind die Gedanken und Überzeugungen, die Sie in Bezug auf Ihre Gesundheit haben.

Sicherlich wünschen Sie sich – wie jeder andere auch – absolut gesund zu sein. Nun wollen wir diesen idealistischen Wunsch einmal auf eine bildliche Leiter, und zwar auf die oberste von zehn Sprossen stellen. Dort, auf der Spitze Ihres Wunsches, steht also diese Sehnsucht nach einem Körper, der gesund ist und sich gut anfühlt. Visualisieren Sie jetzt diese Leiter, wobei Sie zwei Fragen im Gedächtnis behalten, um herauszufinden, wie viel Energie Sie tatsächlich dafür aufwenden, dem Ideal gerecht zu werden:

1. Auf welcher Stufe der Leiter befinden sich Ihre *Verhaltensweisen* im Verhältnis zu Ihrem Wunsch auf der obersten Sprosse?
2. Auf welcher Stufe der Leiter befinden sich Ihre *Überzeugungen hinsichtlich Ihrer Verhaltensweisen* im Verhältnis zu Ihrem Wunsch auf der obersten Sprosse?

Ich würde schätzen, dass jemand, der übergewichtig ist und so aus der Form, dass er schon außer Atem kommt, wenn er nur ein paar Treppenabsätze nach oben geht, seinen Wünschen auf der zehnten Sprosse die Energie der Stufe zwei zuteilt. Anders ausgedrückt: Dieser Mensch ist total aus dem Gleichgewicht. Dasselbe gilt für Menschen mit körperlichen Beschwerden, die auf einem unangemessenen Lebensstil beruhen, also z.B. Magengeschwüre, Bluthochdruck, Verdauungsstörungen, Herzklopfen usw.

Um dafür zu sorgen, dass Sie ehrlich sagen können, dass Ihr Körper sich eines optimalen Gesundheitszustands erfreut und dass Sie dankbar sind, darin leben zu dürfen, müssen Sie einige neue Entscheidungen treffen, die mit den beiden obigen Fragen in Zusammenhang stehen. Vielleicht verwundert es Sie ja zu lesen, dass ich Ihnen keine radikale Veränderung Ihrer Essgewohnheiten nahelege und Ihnen auch nicht empfehle, ein Sportprogramm in Angriff zu nehmen, das für einen Bodybuilder oder einen Marathonläufer konzipiert ist (wobei es sich um zwei Möglichkeiten handelt). Nein, ich schlage Ihnen eine radikale Neuausrichtung auf die Energie Ihrer Überzeugungen vor, die Sie Ihrem Wunsch auf der obersten Sprosse zukommen lassen.

Wenn Sie Übergewicht haben, außer Form sind und unnötig unter körperlichen Beeinträchtigungen leiden, die mit Ihrer Lebensweise zu tun haben, dann macht diese radikale Idee vermutlich jede Menge Entschlossenheit erforderlich, um Ihre Zweifel zu überwinden. Fangen Sie also gleich jetzt an, indem Sie den Titel dieses Kapitels noch einmal lesen. Erscheint Ihnen der Gedanke nicht seltsam, dass Ihre Ernährungs- und Bewegungsgewohnheiten nicht allein für Ihren Gesundheitszustand verantwortlich sind? Vielleicht hat das etwas mit Ihren *Überzeugungen* zu tun.

Das zweite Zitat am Anfang dieses Kapitels stammt vom Autor des Buches »Alexis Sorbas«. Sorbas ist einer der leidenschaftlichsten Charaktere, die in der Literatur je geschaffen wurden; er bewohnt einen Körper, der sicher nicht gerade der Traum eines Bodybuilders ist. Nikos Kazantzakis ermutigt uns, mit Leidenschaft an etwas zu glauben, denn aus diesem Glauben entsteht dann ein Wunsch. Ihr Wunsch, das Leben in einem gesunden Körper zu genießen, manifestiert sich, wenn Sie sich das nur ausreichend wünschen. Und auf genau diese Weise können Sie dann das Ungleichgewicht korrigieren, das die eine Waagschale durch Verhaltensweisen und Überzeugungen, die Ihrem Wunsch widersprechen, nach unten hat kippen lassen.

Ihre Gesundheit wieder ins Gleichgewicht bringen, indem Sie Ihre Überzeugungen neu ausrichten

Deepak Chopra, mein langjähriger Freund und Kollege, hat einmal Folgendes festgestellt: »Ihr Gehirn produziert eine chemische Substanz, die die Information, dass Sie glücklich sind, an alle zweiundfünfzig Millionen Körperzellen weiterleitet – die sich freuen und sich darauf einstimmen.« Stellen Sie sich also vor, dass Sie gleich einen Eisbecher mit heißer Schokoladensoße oder ein Stück Geburtstagskuchen genießen werden. Sind Sie glücklich, oder sind Sie voller Schuldgefühle und Befürchtungen, bevor Sie Ihren ersten Bissen überhaupt zu sich genommen haben? Und welchen Überzeugungen haften Sie an, die Ihr Gehirn daran hindern, die gute Information hervorzubringen und Sie an Ihren restlichen Körper weiterzuleiten, einschließlich Ihrer Zellen, die sich dann in unglückliche Fettzellen verwandeln anstatt in glückliche gesunde Zellen?

Auch wenn es Ihnen schwerfällt, das zu akzeptieren, aber es ist erheblich wichtiger, Ihre Überzeugungen, was Sie essen und wie Sie Ihr Leben verbringen, zu untersuchen und zu verändern als Ihre tatsächlichen Ernährungs- und Bewegungsgewohnheiten. Dass eine Verbindung zwischen Geist und Körper besteht, ist von der Medizin und Forschung bereits nachgewiesen worden. Ihre Überzeugungen sind Gedanken, und Ihre Gedanken sind Energie. Wenn Sie sich eingeredet haben, dass Ihre Vorhaben einen fatalen Einfluss auf Ihren Körper haben werden, dann tun Sie genau das, was Kazantzakis vorschlägt – Sie glauben mit Leidenschaft an etwas, das noch gar nicht existiert. Das bedeutet, dass Ihre ungesunde Körperreaktion auf das, was Sie tun wollen, nur ein Gedanke ist, keine materielle Gegebenheit. Wenn Sie jedoch an diesem Gedanken festhalten, leisten Sie dem Prozess Vorschub, die Sache wirklich zu Ihrer materiellen Realität werden zu lassen.

Nehmen Sie also einmal an, dass Sie die Entscheidung treffen, leidenschaftlich an etwas zu glauben, das noch nicht existiert, und dieses Etwas sind *Sie selbst* in einem absolut gesunden Körper, der das gesamte Wohlsein beinhaltet, das charakteristisch für ihn ist, seitdem er sich materialisiert hat. Außerdem beziehen Sie eine Überzeugung ein, dass Ihr Körper nämlich in der Lage ist, jeglichen »Brennstoff«, den er erhält, in gesunde, glückliche Zellen zu verwandeln – vielleicht eine radikale Idee, da ja nun so viele Menschen vom Gegenteil überzeugt sind. Dennoch beschließen Sie mit Leidenschaft, das zu glauben, selbst wenn die Realität noch nicht danach aussieht.

Wenn Sie die Idee aufgreifen, dass Ihr Gehirn und Ihr Körper mehr als fähig sind, jeglichen Brennstoff in gesunde, glückliche Zellen umzuwandeln, setzen Sie einen Prozess in Gang: Sie halten nach Hinweisen Ausschau, die Ihre Überzeugung stützen, anstatt am Gegenteil festzuhalten: Überzeugungssystemen, die Ungesundes hervorbringen. »Na gut«, werden Sie jetzt sagen, »viele Leute kriegen ja vielleicht tatsächlich, was sie wollen und wann sie es wollen, sie kümmern sich nicht um Diäten, stellen sich nicht zwanghaft jeden Tag auf die Waage und haben nicht nur ein normales Gewicht, sondern fühlen sich auch noch wohl in ihrer Haut. Ich will mal versuchen, so wie sie zu denken und schauen, ob das klappt.«

Wenn Sie sich auf diese radikale neue Idee einlassen, was meinen Sie, passiert dann? Sie fangen mit der Zeit an, Ihre Essgewohnheiten zu verändern. Warum? Weil es sich gut anfühlt, gesunde Nahrungsmittel in kleineren Portionen zu sich zu nehmen; und bei Ihrem Wunsch auf der zehnten Sprosse der Leiter geht es schließlich nur darum, dass Sie sich gut fühlen.

Aber das muss mit einem Gedanken beginnen, der sich gut anfühlt, und der ist: »Egal, was ich esse, es ist schon in Ordnung. Ich werde mein Gehirn und die chemischen Abläufe in meinem Körper beauftragen, alles, was ich esse, in Gesundheit zu verwandeln.« Ein völlig neuer Denkzyklus nimmt dann seinen Lauf, den es zu erkunden gilt; und diese neue Art und Weise, leidenschaftlich über etwas nachzudenken, das noch nicht existiert, trägt dann auch dazu bei, dass Sie körperlich in Form sind.

Ungesunde Denkgewohnheiten ablegen

Wie sehen nun also Ihre Überzeugungen aus, was notwendig ist, um in Form und gesund zu sein? Ist es erforderlich, dass jemand Tag für Tag leidet und sich einem strengen Sporttraining unterzieht, um körperlich gesund zu sein? Dies ist eine gängige Überzeugung, die es zu hinterfragen gilt, wenn Sie nach einem ausgewogeneren Leben streben. Sie wünschen sich einen Körper, der gut aussieht und sich auch so anfühlt – das ist Ihr höchster Wunsch.

Welche Gedanken nähren Sie nun, um diesen Wunsch Wirklichkeit werden zu lassen? Nur zu oft denken Sie wahrscheinlich: »Ich bin kein aktiver Mensch. Es ist völlig egal, wie viel Sport ich treibe – ich nehme sowieso nicht ab, und schlank werde ich auch nicht. Rennen und Schwitzen sind mir verhasst. Ich bin einfach kein Sportler.« Derartige Überzeugungen lassen Sie auf den unteren Sprossen der Leiter verharren. Zudem leisten Sie einen Beitrag zu unnötigen Zivilisationskrankheiten, die auf dieser Art kollektivem Denken beruhen.

Wenn Sie Ihre Gedanken und Ihre Überzeugungen darüber verändern, was im Bereich Ihrer Möglichkeiten liegt, einschließlich Ihres Körperbaus, dann verändern Sie alles. Sie müssen inbrünstig glauben, dass Sie ein durch und durch gesunder Mensch sind, indem Sie ein Bild von sich visualisieren, wie Sie toll aussehen und sich auch so fühlen. Wenn Sie dieses Selbstbild richtig verinnerlichen und überzeugt daran glauben, dass es der Wirklichkeit entspricht, wird es Ihre Gedanken und die damit einhergehende Energie grundlegend verändern.

Dann hört sich Ihr innerer Dialog eher so an: »Ich bin auf dem besten Weg zu perfekter Gesundheit. Ich empfinde keinerlei Scham oder Schuldgefühle hinsichtlich meines Verhaltens. Wenn ich ein Stubenhocker sein will, dann bin ich eben ein gesunder, fitter und attraktiver Stubenhocker. Ich liebe meinen Körper. Ich will mich so gut wie möglich um ihn kümmern, weil er das göttliche Wesen beherbergt, das ich bin.« Wenn Sie sich auf dieses neue Ritual überzeugt einlassen, das

Ihre Sichtweise von Ihrem Körper verändert, dann ändert sich auch der Körper, den Sie ansehen.

Sie leben in einer Kultur, die festlegt, welche Gefühle Sie Ihrem Körper gegenüber hegen sollten, und zwar auf der Grundlage kommerzieller Bestrebungen, denn man will aus Ihrer Unzufriedenheit mit sich selbst Kapital schlagen. Wer nicht wie ein Supermodel aussieht, sollte Gewissensbisse haben, so lautet das Verkaufsargument. Genau an dieser Stelle kommen Essstörungen, Fettleibigkeit und eine geschwächte körperliche Konstitution ins Spiel. Wenn Sie sich dieser kollektiven Gehirnwäsche ergeben, dann sind Sie auf dem besten Weg, ein Ungleichgewicht herzustellen: zwischen Ihrem Wunsch nach einem gesunden Körper, der sich toll anfühlt, und selbstzerstörerischen Verhaltensweisen, die zu Krankheit, Erschöpfung und dem Gefühl führen, außer Form zu sein.

Bedenken Sie, dass Sie bekommen, woran Sie denken. Warum also in einer Weise über sich denken, die einen weniger perfekten Gesundheitszustand zur Folge hat? Welchen Sinn hat es, seinen Körper in seinem aktuellen, noch nicht optimalen Zustand zu betrachten und Überzeugungen anzunehmen, die garantiert alles nur noch schlimmer machen?

Hier ist nun eine radikal neue Alternative für Sie. Glauben Sie leidenschaftlich an das noch nicht Existente und rufen Sie sich Kazantzakis Beobachtung ins Gedächtnis, dass wir uns »das Nicht-Existente noch nicht ausreichend stark gewünscht haben«. Sie können sich eine ganze Reihe von Überzeugungen zu eigen machen, so dass niemand, auch kein sozialer Druck, Sie hinunterzuziehen vermag. Nichts und niemand kann Ihre Eigenliebe und Ihre positive Einstellung Ihrem Körper gegenüber ins Wanken bringen. Lassen Sie sich auf das Abenteuer ein zu erfahren, wie es sich anfühlt, mit Leidenschaft an etwas zu glauben, das so noch gar nicht existiert.

Dieses neue Glaubenssystem räumt Ihnen die Möglichkeit ein, eine freundliche, liebevolle und gesunde Beziehung zu Ihrem Körper zu genießen.

Auf der Basis eines neuen leidenschaftlichen Glaubens an etwas, das – noch – nicht existiert, handeln

Ihr Verhalten folgt Ihren Überzeugungen. Sind Sie in der Lage, sich als göttliches Wesen zu begreifen, das aus einer Quelle reiner, bedingungsloser Liebe stammt und das keinerlei Scham oder Selbstablehnung kennt, dann hat Ihr Körper keine andere Wahl, als diese Erfahrung zu genießen. Ganz egal, was Sie essen, hegen Sie Gedanken wie: »Es ist meine Absicht, dass diese Nahrung in Energie verwandelt werden möge, die dafür sorgt, dass mein Körper sich kräftig und stark fühlt«, dann wird Ihr Körper mit der Zeit auch so reagieren. Sobald Sie die alten Überzeugungen über Bord werfen, die Gefühle wie Schuld, Sorgen und sogar Angst begünstigt haben, beginnt Ihr Gehirn, chemische Substanzen zu produzieren, die Sie wieder ins Gleichgewicht bringen; Sie fühlen sich gut und schaffen einen gesunden Körper.

Ja, ich behaupte wirklich, dass Sie, indem Sie Ihr Denken umprogrammieren und es wieder auf Ihren Wunsch ausrichten, gesund zu sein und sich gut zu fühlen, Sie all Ihre ungesunden Verhaltensmuster verändern können, die Unwohlsein hervorgebracht haben. Es handelt sich dabei um eine Gesetzmäßigkeit. Lesen Sie, wie William James, der Vater der modernen Psychologie, es formuliert hat:

Es gibt in der Psychologie ein Gesetz: Wenn Sie gedanklich ein Bild ausprägen, wie Sie gerne sein wollen, und wenn Sie an diesem Bild lang genug festhalten, dann werden Sie bald genau so, wie Sie es sich in Gedanken vorgestellt haben.

Das ist die Macht unserer Gedanken. Aber ich möchte noch etwas behaupten, das über die Idee hinausgeht, dass Ihr Körper automatisch auf Ihre umprogrammierten Gedanken reagiert. Sobald Sie stereotype Erwartungshaltungen ablegen, die mit Ihrem Wunsch nach Gesundheit und Wohlbefinden nicht in Einklang stehen, und anstelle dessen für Ausgewogenheit sorgen, werden Sie eine weitere automatische Reaktion feststellen: Ihr Verhalten wird spontan danach streben, mit den zum Ausdruck gebrachten Wünschen im Einklang zu sein.

Das kann sich nach und nach vollziehen, aber dann ist es plötzlich so weit: Sie stellen fest, dass Sie nicht mehr in Angst leben und auch Ihrem Aussehen keine übermäßige Bedeutung mehr beimessen. Diese herrliche Bewusstheit der Selbstakzeptanz geht einher mit dem starken Wunsch, den eigenen Körper mit Respekt zu behandeln. Ihre Ernährungsgewohnheiten verändern sich, ohne dass Sie bewusst die Entscheidung getroffen haben, eine Veränderung vorzunehmen. Sie hören auf, Kalorien zu zählen, und genießen einfach, was Sie zu sich nehmen, wobei Sie wissen, dass Sie auf Ihre innere geistige Weisheit vertrauen können, die in Ihre DNS einprogrammiert ist, Ihre Verbindung zur Quelle, die das Baby schuf, das Sie einst waren.

Sie haben einen besseren Weg gefunden, Ihr Leben ins Gleichgewicht zu bringen und zu genießen, indem Sie darauf vertrauen, dass Ihre Gedanken die Gesundheit anziehen, die Sie sich wünschen. Sie sind außerdem in der Lage, sich zu entspannen und sich an der Reise des Lebens zu erfreuen. Indem Sie den Geist in Form von Gedankenenergie bewusst in die Waagschale werfen, haben Sie das Gleichgewicht zugunsten Ihrer Wünsche hergestellt. Ihr Ego, das sich mit Ihrem Körper identifiziert, bekommt dann eine weniger dominante Rolle zugewiesen. Geist hat kein überschüssiges Fett, Verdauungsstörungen, Hungeranfälle oder Fressattacken – und diese Haltung wollen Sie ja nun einnehmen.

Sie wählen Gedanken, die in Einklang mit Ihrem geistigen Ursprung sind – eine Vorgehensweise, die keinen Raum für Ungesundes lässt. Da Sie mit Ihren Gedanken Frieden geschlossen haben und überzeugt sind, dass alles, was Sie tun, sich in eine gesunde Reaktion verwandeln lässt, legen Sie bei Ihrer Einstellung gegenüber Sport und körperlichem Wohlsein automatisch die gleiche neue Reaktionsweise an den Tag. Ihre neue Gewohnheit, positive innere Bilder hervorzubringen, bestätigt dann die Behauptung von William James.

»Ich bin ein göttlich gesunder und körperlich fitter Mensch.« Denken Sie das! Sagen Sie es! Und wenn Sie doch einmal wieder ein Bild im Kopf haben sollten, dass Sie übergewichtig und außer Form sind, sagen Sie es trotzdem. Sie setzen so den Prozess in Gang, mit Leidenschaft an etwas zu glauben, das noch nicht existiert. Durch diese Affirmation schaffen Sie eine innere Realität; Sie aktivieren eine neue automatische Reaktion, die mit Ihrem festgelegten Wunsch in Einklang steht. Und plötzlich unternehmen Sie auch schon einen Spaziergang. Dann tun Sie mit einem Mal etwas, das bislang ganz eindeutig nicht zum Gleichgewicht in Ihrem Leben beigetragen hat – zum Beispiel joggen, an einem Yoga-Kurs teilnehmen oder sich in einem Fitnesscenter anmelden. Das passiert einfach so, weil Sie auf der Grundlage Ihrer Überzeugungen handeln.

Das Ungleichgewicht zwischen Ihrem Wunsch nach einem gesunden Körper, der sich gut anfühlt, und ständigen ungesunden Angewohnheiten, lässt sich nicht beheben, indem man diese Angewohnheiten einfach verändert. Sie müssen wild entschlossen sein, die Kunst zu erlernen, leidenschaftlich an etwas zu glauben, das noch nicht existiert, und sich weigern, sich dieses Bild von sich selbst oder jemand anderem zerstören zu lassen. Sie sind wahrhaftig nicht, was Sie essen oder wie viel Sport Sie treiben; Sie sind eher, welche Überzeugungen Sie über das Selbst haben, das Sie gegenwärtig gedanklich erschaffen.

Und vergessen Sie eines nie: Sie bekommen, woran Sie denken, ob es Ihnen passt oder nicht.

Kapitel sechs

*Licht lässt sich
nicht entdecken,
indem man
die Dunkelheit analysiert*

**Ihren Wunsch nach Wohlstand
und Ihr Mangelbewusstsein
miteinander in Einklang bringen**

»Es ist Gottes Wunsch, uns alles zuteilwerden zu lassen. Wenn wir Leben zum Ausdruck bringen, erfüllen wir das göttliche Gesetz der Fülle, doch wir tun das nur, wenn uns bewusst ist, dass genug Gutes vorhanden ist – nur, wenn wir wissen, dass die Gaben Gottes uns so freigiebig und großzügig geschenkt werden wie die Luft und die Sonne ...«

ERNEST HOLMES

»Jeder Mensch hat die Freiheit, so weit aufzusteigen, wie er kann oder will; doch erst das Maß seines Denkens legt fest, inwieweit er aufzusteigen vermag.« AYN RAND

Müssten Sie nach Licht suchen, dann würden Sie natürlich die Dunkelheit meiden. Sie wüssten mit Sicherheit, dass blind im Dunkeln herumzutappen und das Dunkel zu analysieren nicht der richtige Weg wäre, Licht zu entdecken. Tauschen Sie nun die Worte »Licht« und »Dunkelheit« in diesem Beispiel gegen die Worte »Fülle« und »Mangel« aus – die Logik bleibt die gleiche. Sie können keine Fülle erfahren, indem Sie Ihr Mangelbewusstsein analysieren und darin schwelgen. Genau das ist nämlich oft der Grund für das Ungleichgewicht zwischen dem Wunsch nach Wohlstand und den tatsächlichen materiellen Beschränkungen.

Schauen Sie sich noch einmal das Zitat von Ernest Holmes am Anfang dieses Kapitels an, in dem er folgende Beobachtung macht: »Wenn wir Leben zum Ausdruck bringen, erfüllen wir das göttliche Gesetz der Fülle ...« Betrachten Sie das als ein verbindliches göttliches *Gesetz*. Selbst der heilige Paulus kam zu der Feststellung, dass »Gott in der Lage ist, Ihnen alle Segnungen im Überfluss zuteilwerden zu lassen«. Ich ziehe daraus den Schluss, dass Wohlstand etwas ist, das uns immer zur Verfügung steht, denn er ist ein Merkmal der Quelle, aus der wir stammen. Und wenn wir aus unbegrenzter Fülle kommen, dann müssen wir auch Teil von ihr sein.

Mangel hängt nicht mit Ihrem Geburtsort, der finanziellen Situation Ihrer Eltern oder mit der Wirtschaftslage zusammen. Das vermeintliche Problem damit beruht auf der simplen Tatsache, dass Sie Ihren Glauben von Ihrer ursprünglichen Verbindung mit der unbegrenzten Fülle abgezogen und angefangen haben, in Mangel zu leben und ihn zu analysieren – was der Dunkelheit im ersten Abschnitt dieses Kapitels entspricht. Ich rate Ihnen deshalb, eine Veränderung zu vollziehen und stattdessen das Licht des Wohlstands zu analysieren sowie das Ungleichgewicht zwischen Ihrem Wunsch und Ihrer Lebensweise zu korrigieren.

Wie Sie es vermeiden, dem Leben Ausdruck zu verleihen und das göttliche Gesetz der Fülle zu erfahren

Um Leben Ausdruck zu verleihen und Fülle zu empfangen, müssen Sie wissen, wann Sie Gedanken hegen und Verhaltensweisen an den Tag legen, die Ihre Wünsche aus dem Gleichgewicht bringen. Welchen Einfluss die Energie Ihrer Gedanken hat, habe ich bereits mehrmals in diesem Buch angesprochen. *Sie werden, woran Sie den lieben langen Tag denken.*

Hier nun eine Liste mit Situationen, die in diesem Zusammenhang aus dem Gleichgewicht geraten sind:

- Sich darauf konzentrieren, was in Ihrem Leben fehlt
- Gespräche führen, die damit überfrachtet sind, was in Ihrem Leben nicht vorhanden ist
- Sich jedem gegenüber, der willens ist zuzuhören, über die Gründe beklagen, weshalb es Ihnen verwehrt ist, mehr zu haben
- Das innere Bild pflegen, dass Sie ein Mensch sind, der schlichtweg immer Pech hat

Diese Denk- und Verhaltensweisen erzeugen ein Energiemuster, das genau das anzieht, was Sie auf diese Art in Ihr Leben einladen. Wenn Sie Mangel denken, erschaffen Sie ihn. Wenn Sie mit anderen darüber sprechen, lenken Sie noch mehr Mangel auf sich. Wenn Sie analysieren, was Ihnen alles fehlt, wird Ihnen bald noch mehr fehlen!

Ich bin mir bewusst, dass das vielleicht allzu simpel erscheint – dieser Ansatz im Sinne: *Verändern Sie Ihr Denken, dann kommt das Geld auch schon durchs Fenster geflogen.* Doch bevor Sie dieses Konzept als unsinnig abtun, sollten Sie bedenken, dass es sich für Sie lohnen könnte, einen Blick auf die Widerstände zu werfen, die Sie errichtet haben, obwohl Sie doch eigentlich mit Fülle als Geburtsrecht ausgestattet sind.

Widerstände abbauen

Ihr Wunsch, Wohlstand anzuziehen, ist in höchstem Maße spirituell. Er steht in perfektem Einklang mit dem Gesetz der Fülle, der Sie entsprungen sind. Ihr Ungleichgewicht basiert auf Energien in Form von Gedanken, von denen Sie irrtümlich annehmen, dass Sie Ihnen den gewünschten Wohlstand bringen würden.

Nachfolgend finden Sie sieben überaus gängige Überzeugungen, die eine Manifestation des Wohlstands praktisch unmöglich machen. Ich bezeichne sie als die »unrühmlichen Sieben« weil jeder dieser Gedanken garantiert, dass Sie weiterhin in Mangel feststecken, wie Ayn Rand es in dem Zitat am Anfang dieses Kapitels beschreibt. Das »Maß Ihres Denkens« ist der bestimmende Faktor, um ein Leben in Wohlstand zu erschaffen.

Hier nun also die sieben Gedanken, die Sie im Ungleichgewicht halten:

1. Es ist nicht der Wille Gottes

Indem Sie Gott die Schuld geben, weil Sie nicht haben, was Sie brauchen oder sich wünschen, rechtfertigen Sie eigentlich Ihre Ausrede, weshalb Sie Ihr Los im Leben akzeptieren. In Wirklichkeit ist Gott – wie der heilige Paulus uns erinnert – mehr als willens, einen jeden mit Fülle zu segnen. Ja, Gott *ist* reine Fülle, doch *Ihre* Waagschalen sind im Hinblick auf Wohlstand völlig aus dem Gleichgewicht. Indem Sie die Verantwortung für Ihren Mangel dem Willen Gottes zuschreiben, schaffen Sie einen enormen energetischen Widerstand. Sie bitten das Universum, Ihnen mehr von dem zu schicken, was Sie glauben.

Die Lösung zur Beseitigung dieser Blockade – sie gilt im Übrigen für alle sieben dieser energetischen Widerstände –, ist, seine Überzeugung zu verändern. Carlos Castaneda schrieb in seinem Buch »Reise nach Ixtlan«: »Sobald ich wirklich fühle, dass mein Geist verdreht ist, gilt es, ihn schlichtweg in Ordnung zu bringen – ihn zu läutern, ihn zu perfektionieren –, keine andere Aufgabe in unserem ganzen Leben ist so lohnend.«

Doch wie bringt man seinen Geist nun »in Ordnung«, »läutert« und »perfektioniert« ihn? Indem Sie sich zuerst einmal inmitten eines irrtümlichen Gedankens ertappen und diesen Gedanken dann durch einen anderen ersetzen wie z. B.: »Ich bin ein Geschöpf Gottes. Gott ist Fülle. Ich muss sein, woher ich gekommen bin. Zu sein, woher ich gekommen bin, bedeutet, dass Gott möchte, dass ich den Wohlstand in Fülle genieße. So will ich von nun an mein Leben zum Ausdruck bringen.« Wenn nötig, tippen Sie diese Affirmationen ab und drucken sie sich aus. Dann wiederholen Sie sie immer wieder. Sie sind eine Erinnerungshilfe in perfektem Einklang mit Ihren Bedürfnissen. Ihr Mangel ist nicht die Schuld Gottes. Die Wahl liegt bei Ihnen. Treffen Sie also die Entscheidung, ob Sie sich wieder mit der Fülle verbinden oder Ihr Ungleichgewicht beibehalten wollen, wobei Sie der Überzeugung anhängen, dass es Gottes Plan für Sie sei.

2. Das Angebot ist beschränkt

Dieser Gedanke zeigt den enormen Widerstand, den Sie gegen die Wiederherstellung des Gleichgewichts im Hinblick auf Wohlstand und Mangel hegen. Gedanken wie »Es ist nun einmal alles begrenzt« und »Jeder kann eben nicht reich sein. Wir brauchen Arme, um das Gleichgewicht in der Welt aufrechtzuerhalten; zu denen gehöre offensichtlich ich«, sind ähnlich einschränkend und ziehen kein Leben in Wohlstand an. Sie machen dieses Ziel sogar völlig unerreichbar.

Die Lösung zum Abbau dieses inneren Widerstands ist wiederum, ihn zu läutern und die Gedanken durch neue Energien zu ersetzen, die in harmonischem Einklang mit der Wahrheit der Welt voller Fülle stehen, in der Sie leben. Versuchen Sie, so oder ähnlich an Geld zu denken: Das Angebot ist unendlich und mehr als ausreichend, um alle unsere Bedürfnisse zu erfüllen. Der Vorrat an Geld, das auf dieser Erde in Umlauf ist, wird nicht reduziert, egal wie viel Sie sich nehmen. Warum? Weil Geld – wie das Wasser des Meeres – schließlich wieder zu seiner Quelle zurückkehren muss. Es zirkuliert weiter als Energie. Entnehmen Sie dem Meer fünf Millionen Kubikliter Wasser, und es bleibt dennoch das gleiche.

Und so funktioniert's: Fülle schöpft sich aus Fülle, und Fülle bleibt. Sie können die Idee, dass an etwas Mangel besteht, also komplett aus Ihrem Denken streichen und Geld als Energie sehen, die unerschöpflich vorhanden ist. Es ist lebensnotwendig wie die Luft, die wir atmen, wie Wasser, Stick- und Kohlenstoff.

3. Ich habe es nicht verdient

Hier eine Faustregel: Wenn Sie nicht glauben, dass Sie es wert sind, dass Wohlstand in Ihr Leben fließt, dann *ziehen Sie exakt an, was Sie glauben,* nämlich Mangel. Falls Sie der Auffassung sind, dass das magnetische Anziehen von Geld in Ihrem Leben nicht mit einem spirituellen Bewusstsein zusammenpasst, dann errichten Sie Widerstände, die diesen Zufluss unterbinden.

Wenn Sie sich ein Leben in Fülle wünschen, aber das Gegenteil anziehen, dann sind Sie energetisch ganz offensichtlich aus dem Gleichgewicht. Ihr Wunsch ist höchst spirituell, doch kombinieren Sie Ihren Wunsch mit dem Gefühl, dessen nicht würdig zu sein. Und da das Universum nun eben so ist, wie es ist, spiegelt es Ihnen genau das, was Sie von sich selbst halten, in diesem Fall also, dass Sie nichts verdient haben. Um diese Idee zu verändern und die Waage wieder auszubalancieren, müssen Sie Ihren Wunsch mit der Energie Ihres Denkens in Einklang bringen.

Sie sollten sich immer wieder daran erinnern, dass Sie ein Wesen Gottes sind. Wenn Sie das Gefühl nicht loswerden, dass Sie die universelle Fülle nicht verdient haben, dann ist das, als würden Sie Ihr spirituelles Wesen verleugnen und zudem Ihren Schöpfer beleidigen. Bedenken Sie, dass Sie hier auf Erden sind, um wie Gott zu sein; doch diese Vorstellung haben Sie durch Ihre Überzeugung aufgegeben, mehr von Ihrer Quelle getrennt als mit ihr vereint zu sein.

Beginnen Sie also, diese aus dem Gleichgewicht geratene Einstellung zu verändern, indem Sie eine Affirmation verinnerlichen, bis sie Ihnen zur zweiten Natur wird. Wiederholen Sie still für sich etwas dieser Art: »Ich bin ein Teil Gottes, ein individueller Ausdruck der göttlichen Energie. Ich habe alles verdient, was in mein Leben fließt, und ich bin es auch wert. Die Fülle, die ich mir wünsche, ist schon unterwegs, ich will alles mir nur Mögliche tun, um dieses göttlich inspirierte Fließen nicht zu blockieren, und auch keinen Widerstand leisten.«

4. Meine Fähigkeiten und Talente sind begrenzt

Wenn Sie an der Überzeugung festhalten, dass Sie nicht die Fähigkeit oder das Talent haben, Fülle anzuziehen, dann haben Sie Unmengen Mangel in die eine Waagschale Ihres Lebens geworfen. Das ist ein Symptom für starken Widerstand, der sich als Ausrede tarnt, weshalb Sie es mit dem Wohlstand nicht weit bringen. Lesen Sie noch einmal die Beobachtung von Ayn Rand. Sie hat nicht gesagt: »Wie groß die Talente von jemandem sind, bestimmt, wie weit dieser Mensch es bringt.« Sie hat vielmehr sehr einfühlsam gesagt: »Nur das Maß seines Denkens« sei der Faktor, der alles festlegt.

Wenn Sie die Zuversicht haben, dass die Fähigkeiten, die Sie benötigen, unbegrenzt zur Verfügung stehen, dann sind Sie auf dem richtigen Weg. Der erste und wichtigste Schritt ist jetzt, von jeder Ausrede Abstand zu nehmen, die Sie sich zum Thema »mangelndes Talent« zu eigen gemacht haben. Dann ist es wichtig, ein inneres Bild zu visualisieren, demzufolge Sie bereits ein Leben in Wohlstand führen, selbst wenn es sich noch nicht materialisiert haben sollte. Dieser Ansatz wird als »vom Ende her denken« bezeichnet. Er zwingt Sie, Handlungen einzuleiten, die im Einklang mit Ihrem inneren Bild stehen.

Jetzt – und das ist der springende Punkt – müssen Sie *die Fülle werden,* die Sie sich wünschen. Es stimmt: Sie müssen diese Fülle *sein,* anstatt außerhalb Ihrer Person nach ihr zu suchen. Diese drei Schritte helfen Ihnen, der Idee den Garaus zu machen, dass Sie sich befinden, wo Sie gerade sind, weil es Ihnen an Talent mangelt. Verbannen Sie also als Erstes die Ausrede, kein Talent zu besitzen. Schaffen Sie dann – zweitens – ein inneres Bild, wie Sie Wohlstand anziehen, und handeln Sie dann – drittens – so, als wären Sie bereits, was Sie sich wünschen. *Sie sind so talentiert, wie Sie jetzt zu sein beschließen.* Verändern Sie das innere Bild ... und Wunder über Wunder, Ihre Talente verändern sich ebenfalls.

Als Junge, ja sogar noch als College-Student, hat man mir oft gesagt, dass ich nicht das erforderliche Talent besäße, um als Schriftsteller arbeiten zu können oder öffentliche Vorträge zu halten. Erst als ich beschloss, meinen eigenen inneren Bildern zu folgen, trugen meine Talente langsam Früchte. Warum? Je mehr ich mein Leben aus einer Haltung heraus verfolgt habe, die sich für mich richtig anfühlte, desto mehr Übung bekam ich – und desto besser kam ich in Einklang mit den universellen Gesetzmäßigkeiten – das ist der Grund. Dabei erkannte und zog ich all die Möglichkeiten an, die zur Verfügung standen. Hätte ich auf die Menschen gehört, die angeblich meine Talente besser einzuschätzen vermochten als ich, hätte ich genau das angezogen, womit sich meine Gedanken beschäftigten: fehlende Fähigkeiten.

5. Ich habe ja nie Glück

Das Universum, in dem Sie leben und das auch in Ihnen lebt, agiert mit Energie – nur mit Energie. »Erst durch Bewegung passiert etwas«, sagt Albert Einstein. Alles ist in Schwingung, sogar was bewegungslos scheint. Ihr Universum funktioniert nach dem Gesetz der Anziehung, und das bedeutet, dass Energie sich mit ähnlicher Energie verbindet. Ihre Gedanken sind energetische Schwingungen. Gedanken, die Sie von der Energie der göttlichen Quelle entfernen, ziehen aus dem Universum Entsprechungen niedriger Energie an. Hohe, auf dem Geist basierende Gedanken hingegen aktivieren identische Schwingungen, die Ihnen bringen, was Sie sich in Harmonie mit Ihrer Quelle wünschen. Somit ist eines klar: Im Universum gibt es keine »glücklichen Zufälle«.
Bei einem Unfall haben Sie dementsprechend nicht einfach Pech gehabt, und es ist auch nicht Ihre Schuld. Sie bilden schlichtweg ein Schwingungsäquivalent zu dem, was Ihnen widerfährt. Wenn Sie die Welt auf diese Weise betrachten, können Sie mit der Zeit besser wählen, worauf Sie sich einschwingen. Indem Sie die niedrige Schwingungsenergie Ihrer Gedanken in höhere Schwingungen umwandeln, setzen Sie eine Energie in Gang, die danach strebt, Ihren höheren Wünschen zu entsprechen. Selbst wenn sich das für Ihren vom Ego trainierten Verstand unsinnig anhört, möchte ich Sie doch dringend bitten, damit zu beginnen, die Dinge und Gegeben-

heiten als Schwingungen zu betrachten und nicht so, als ob sie von Glück oder Pech abhängen würden.

Ich empfehle Ihnen also, sich dieses neue Überzeugungssystem zu eigen zu machen: *dass Sie genau das in Ihrem Leben anziehen, womit Sie beschlossen haben, sich in Einklang zu bringen.* Haben Sie den Eindruck, immer Pech zu haben, verändern Sie Ihre Erwartungshaltung. Lassen Sie nichts unversucht, um im Einklang mit dem zu bleiben, was Sie sich wirklich wünschen, anstatt mit dem, was Sie bislang angezogen haben. Dann verschwinden »Glück« oder »Pech« als Faktoren, die scheinbar von außen Einfluss auf Sie ausüben.

6. Das war schon immer so

Wenn Sie Ihre Lebensgeschichte heranziehen, um zu rechtfertigen, weshalb Ihre Waagschalen hinsichtlich des Themas Fülle aus dem Gleichgewicht geraten sind, dann sagen Sie eigentlich Folgendes: »Dass ich in meinem Leben Mangel anziehe, geht schon lange so, und ich habe vor, es in Zukunft genau so beizubehalten.« Wenn Sie denken, dass die Vergangenheit für Ihren fortbestehenden Mangel verantwortlich ist, blockieren Sie sich dadurch selbst. Man hat Ihnen dann vermutlich beigebracht, dass Sie den gleichen Fehler noch einmal machen, wenn Sie Ihren vergangenen Fehlschlägen keine Aufmerksamkeit widmen. Hier nun meine Meinung zu dieser Auffassung: *Wenn Sie Ihre Gedanken auf vergangene Fehler richten, ist das die beste Garantie, sie auch in der Gegenwart zu manifestieren!*

Ich glaube, dass es Ihnen bessergehen wird, wenn Sie Ihre Niederlagen aus Ihrer Lebensgeschichte verbannen. Weigern Sie sich, darüber nachzudenken – außer Sie wünschen sich noch mehr davon. Vermeiden Sie es, über Ihre unangenehmen Erinnerungen aus der Vergangenheit zu sprechen. Identifizieren Sie sich nicht mit Menschen, deren Kindheit oder frühes Erwachsenenalter von Mangel und Defiziten geprägt ist. Betrachten Sie Ihre ganze Lebensgeschichte als eine Abfolge von Schritten, die Sie unbedingt tun mussten, um Sie jetzt zu der Erkenntnis zu bringen, dass Ihnen ein endloses Potenzial an Fülle zur Verfügung steht.

Seien Sie dankbar für alles, was sich nicht hat einstellen wollen. So verändern Sie Ihre blockierte Haltung, kommen der Manifestation Ihrer Wünsche näher und beeinflussen Ihr Denken dahingehend, dass es mit Ihren Wünschen in Einklang ist. Bedienen Sie sich folgender Affirmation: »Es ist meine Absicht, Gedanken zu denken, die perfekt mit meinem Wunsch nach Fülle in allen meinen Lebensbereichen harmonieren. Ich entlasse alle Gedanken, die meine Sichtweise – und somit meine Anziehungskraft – auf das konzentrieren, was gewesen ist oder eben auch nicht.« Das ist der Schlüssel zur Wiederherstellung des Gleichgewichts.

7. Ich weiß nicht, wie ich »Fülle denken« soll

Wenn Sie überzeugt sind, dass das Bewusstsein von Fülle für Sie so etwas wie eine Fremdsprache ist, dann haben Sie sich erneut dafür entschieden, *Widerstand zu leisten,* anstatt *zuzulassen.* Vielleicht glauben Sie ja, dass Sie nicht die Fähigkeit haben, diese neuen Denkweisen anzuwenden, die ich in diesem Kapitel dargelegt habe, doch ich versichere Ihnen, dass dies sehr wohl der Fall ist – mit Zins und Zinseszins! Wir entstammen alle der gleichen Quelle unbegrenzter Fülle. Die Quelle ist Sie, und Sie sind die Quelle. Ihre Überzeugung, auf diese Weise nicht denken können, existiert nur, weil Sie es zugelassen haben zu glauben, dass Sie von der Quelle abgeschnitten sind. Sie können *Fülle denken* – selbst wenn Sie das bisher noch nie in Ihrem Leben getan haben.

Jetzt in diesem Moment können Sie es sich zur Gewohnheit machen, nur Gedanken der Fülle in Ihrem Bewusstsein zuzulassen. Ersetzen Sie »Ich weiß ja nicht einmal, wie ich so denken soll« durch »Ich bin Fülle, ich ziehe Fülle und Wohlstand an, ich bin mit diesem Wunsch im Gleichgewicht und ich werde nie mehr anders denken.« So werden neue Gewohnheiten geschaffen. Machen Sie das zu Ihrer Realität – Gedanke für Gedanke.

Um Ernest Holmes mit anderen Worten wiederzugeben: All das trägt dazu bei, Ihrem Leben so Ausdruck zu verleihen, dass das göttliche Gesetz der Fülle wirken kann. Der Fakt, dass Sie hier auf dieser Welt sind, ist ein Geschenk aus einer sprudelnden, reichen Quelle des Wohlseins. Im Gleichgewicht zu sein bedeutet, dass Sie Ihr Leben zum Ausdruck bringen, indem Sie diese Bewusstheit mit all Ihren Gedanken ausstrahlen. Die Folge ist, dass Ihre Erwartungen ein wunderbar ausgewogenes Leben tatsächlich nach sich ziehen.

Diese Botschaft des großen Sufi-Dichters Rumi soll Sie ermutigen, jeden Tag mit den höheren Schwingungen der Erwartung zu beginnen, dass Sie für Botschaften Ihrer Quelle offen sind:

Der laue Wind bei Morgengrauen will Ihnen Geheimnisse erzählen, sinken Sie nicht wieder in den Schlaf.

Ich erinnere mich noch an einen bestimmten Morgen damals, als ich aufwachte – für die meisten Menschen wohl mitten in der Nacht; seitdem verkündet mir der laue Morgenwind immer neue Geheimnisse, wenn ein neuer Tag anbricht. Sie haben ein Recht auf alle Segnungen Gottes. Im Einklang damit zu sein ist eines der Geheimnisse. Versuchen Sie es, und was auch immer Sie tun, sinken Sie nicht wieder in den Schlaf!

Kapitel sieben

*Gegen widrige Umstände
anzukämpfen
erhöht nur deren Macht
über Sie*

*Ihren Wunsch, in einer friedlichen Welt zu leben,
und die negativen Nachrichten, die ständig auf Sie
einströmen, miteinander in Einklang bringen*

»Böse Menschen zu sehen und zu hören ist der Anfang von
Bösartigkeit.«   KONFUZIUS

»Alles Gute, das du hast, kommt von Gott. Alles Übel kommt
aus dir selbst.«   DER KORAN

Wir hören tagtäglich aus den verschiedensten Quellen, dass unsere Welt auf dem Kopf steht, überall Schlimmes passiert und der Terrorismus eine neue Lebensform ist. Die Menschen scheinen entschlossen zu sein, einander auf immer brutalere Weise umzubringen; kleine Kinder werden im Namen Gottes als Selbstmordattentäter angeheuert. Radio, Fernsehen und Nachrichten im Internet verbreiten eine endlose Litanei, wie unmenschlich es in der Welt zugeht – Familienmitglieder, die durchdrehen, Schüler, die in ihrer Schule Amok laufen, und Terrorzellen, die überall das Bewusstsein der Erde ins Wanken bringen, von Bahnhöfen bis hin zu friedlichen Orten der Gemeinschaft.

Ich könnte fortfahren mit meiner Beschreibung, wie wir von den Medien bombardiert werden, aber ich höre lieber auf, denn sonst lasse ich das zentrale Anliegen dieses Kapitels außer Acht. Worauf ich hinauswill, ist Folgendes: Wir *scheinen* in einer völlig aus dem Gleichgewicht geratenen Welt zu leben, in der unsere Wünsche nach Frieden durch Myriaden von unfriedlichen Energien auf die Probe gestellt werden, die immer wieder einer Nachricht für würdig erachtet werden. Aber wir haben sehr wohl die Wahl. Wir beschließen, uns wieder energetisch mit unserem Wunsch, friedlich in dieser Welt zu leben, in Übereinstimmung zu bringen, und zwar egal, was um uns herum geschieht und trotz der unfriedlichen Energie, der wir uns oft ausgesetzt fühlen.

Wir können damit beginnen, indem wir den Entschluss fassen, einen Ruhepol in uns selbst aufrechtzuerhalten, selbst wenn andere auf dieser Erde Furcht, Wut und Hass verbreiten. Schließlich haben massive kollektive Bemühungen – von einflussreichen Persönlichkeiten ausgehend – in der gesamten Menschheitsgeschichte die Individuen gelehrt, wen es zu fürchten und – schlimmer – wen es zu hassen gilt. Hätten wir im Amerika der 1750er Jahre gelebt, dann hätte man uns gesagt, es sei unsere patriotische Pflicht, die Franzosen und die Ureinwohner zu hassen. Fünfundzwanzig Jahre später hätte man uns gesagt, dass es schon in Ordnung sei, vom Hass auf die Franzosen abzusehen, und dass wir nun die Briten hassen müssten. Noch einmal an die siebenundachtzig Jahre später hätte man uns, insofern wir im Süden gelebt hätten, aufgefordert, die Menschen im Norden zu hassen; und ihnen hätte man gleichermaßen gesagt, dass sie die Menschen im Süden hassen sollen, obwohl sie mit ihnen blutsverwandt waren. (Und, dass es im Übrigen nicht mehr nötig sei, die Briten zu hassen.)

Gehen Sie jetzt noch einmal vierunddreißig Jahre weiter – damals war es nicht nötig, die Spanier zu hassen, außerdem war es durchaus akzeptabel, die Menschen zu mögen, die auf einem anderen Breitengrad in unserem eigenen Land lebten. Zwanzig Jahre später war es o.k., die Spanier zu lieben, aber verpflichtend, die Deutschen zu hassen, und nur ein paar Jahrzehnte später sollten dann auch noch die Japaner in unsere Liste des Hasses aufgenommen werden. Dann war es in Ordnung, den Hass auf die Deutschen und die Japaner aufzugeben, aber wir mussten Kommunisten hassen, egal ob in Nord-Korea oder einige Jahre später in Nord-Vietnam.

Anders ausgedrückt: Es gibt immer Menschen, die ins Inventar des Hassenswerten aufgenommen oder daraus gestrichen werden. Lange Zeit mussten wir die Russen hassen, dann die Iraner; wir konnten die Iraker lieben, allerdings nur kurz.

Dann kehrten sich die Verhältnisse um. Wir wurden gezwungen, die einst geliebten Iraker zu hassen, und es war in Ordnung, die Iraner zu lieben, die uns nur zehn Jahre zuvor verhasst gewesen waren. Dann kamen die Taliban und sogar noch obskurere Kategorien wie die Terroristen, später die Aufständischen – welcher Provenienz auch immer –, die natürlich zur Zielscheibe unseres Hasses werden mussten.

Die Litanei des Hasses lässt sich immer weiterspinnen! Die Gesichter wechseln, doch die eigentliche Botschaft bleibt: Man sagt uns, wen wir hassen sollen, wobei wir nicht einen Augenblick erkennen, dass der Feind, den es zu hassen gilt, keine Nationalität hat – *der Feind ist der Hass selbst!*

Hasserfüllte Gedanken kategorisch meiden

Arthur Egendorf erteilt in seinem Buch »Healings from the War« einen Rat, der den Bemühungen, unser Leben wieder ins Gleichgewicht zu bringen und in Frieden zu leben, überaus dienlich ist:

Nur gemeinsam können wir eine Kultur schaffen, die Angriff und Rückzug als Zyklen ablöst – und zwar nicht durch unsere Furcht vor einem Krieg, sondern indem wir eine bessere Lebensweise ausprägen.

Die Saat dieser Kultur ist die Entschlossenheit der Individuen sowie kleiner Gruppen und Gemeinschaften, ihr Leben der größten Vision aller Zeiten zu widmen: nicht darauf zu warten, bis ein Retter uns erlöst; nicht auf eine Regierung zu warten, dass sie wirklich gerech-

*te Gesetze verabschiedet; nicht auf eine Revolution zu
warten, um das Unrecht in einer grausamen Welt zu
richten; und nicht einen Feldzug anzuzetteln, um eine
entfernte Quelle des Bösen außerhalb von uns selbst zu
bezwingen. Jeder von uns, allein oder gemeinsam mit
allen anderen, ist verantwortlich, Freude zu schaffen
durch die Art und Weise, wie sich unser aller Leben
entfaltet – hier und jetzt. Und sobald dies zum vorran-
gigen Ziel wird, können wir uns der nie endenden Aufgabe widmen, für das Wohlsein anderer Menschen zu
sorgen, kann unsere Regierung Gerechtigkeit und Inte-
grität sowie konstruktive Programme für eine Veränderung hier und andernorts einleiten. Sind wir in der Art
inspiriert, müssen wir nicht das Endergebnis abwarten,
bis wir Zufriedenheit erfahren. Es gibt keine edlere Art
und Weise, zu leben und zu sterben.*

Die Worte, die bei dieser scharfsinnigen Beobachtung am lau-
testen zu mir sprechen, sind: »Jeder von uns, allein oder gemeinsam mit allen anderen, ist verantwortlich, Freude zu
schaffen durch die Art und Weise, wie sich unser aller Leben
entfaltet – hier und jetzt.« Ich schätze, dass Sie als Individuum
vor allem eines tun können, um Freude zu schaffen – nämlich
den Hass aus Ihrem inneren Bewusstsein zu eliminieren. Das
mag Sie vielleicht verwundern, aber lassen Sie diese Überle-
gung doch einmal auf sich wirken. Wer den Krieg hasst, ist
ebenso verantwortlich für das Vorhandensein des Krieges wie
all jene, die die ihnen zugewiesenen Feinde hassen und kämpfen, um sie zu töten. Wer Verbrechen hasst, ist selbst Bestandteil des Problems der Kriminalität. Wer Krebs hasst, erklärt
den Krebs zu seinem Feind und wird so selbst Bestandteil des
Krebsproblems.

Wie in diesem Buch bereits mehrfach erklärt, besteht das Geheimnis, um das Leben wieder ins Gleichgewicht zu bringen, nicht unbedingt so sehr in einer Verhaltensänderung; es geht vielmehr darum, sich selbst wieder in Einklang mit den universellen Prinzipien zu bringen und »eine Kultur zu schaffen, die Angriff und Rückzug als Zyklen ablöst.« Sobald wir bei der Bemühung, Streitigkeiten zu lösen, Kraft einsetzen, erzeugen wir auf der Stelle eine Gegenkraft. Dieser Mechanismus ist größtenteils verantwortlich für die nie endenden Zyklen des Krieges, die sich durch die Menschheitsgeschichte wie ein roter Faden ziehen. Kraft, Gegenkraft, noch mehr Kraft – und die Schlachten gehen weiter, Generation für Generation. Das Gleiche gilt auch für Sie ganz persönlich: Ein hasserfüllter Gedanke schafft einen Rachegedanken – die Folge sind weitere hasserfüllte Gedanken. Das eigentliche Problem dabei ist, dass diese Gedanken voller Hass und Rache Ihre Existenz zu definieren beginnen. Sie ziehen entsprechende Erfahrungen an.

Ihr Wunsch, friedlich in einer Welt zu leben, die Medienberichten zufolge verrückt geworden ist, ist spirituell ausgewogen. Damit Sie Ihren Wunsch auch materialisieren können, müssen Sie Ihre Gedanken so ausrichten, dass sie der Energie dieses Wunsches entsprechen. Hasserfüllte Gedanken werden nicht zum Frieden beitragen.

Den Teufelskreis durchbrechen

Sie können sich gegen Gedanken, die auf Hass oder Ablehnung beruhen, verwahren – trotz der Medienberichterstattung, die von Profitdenken bestimmt ist. Je mehr Sie sich auf den Hass einlassen, desto größeren Nutzen ziehen all diejenigen daraus, die diese Nachrichten verkaufen. Sie können jedoch die Entscheidung treffen, ein Instrument des Friedens und der Freude zu werden. Wie reagiert nun aber ein solches »Instrument« auf laute, beunruhigende Nachrichten? Wenn Sie mit den universellen Gesetzmäßigkeiten im Einklang sind, können Sie die Liebe und den Frieden, der Sie sind, auch »anzapfen« und für sich nutzen. Erinnern Sie sich an Ihren Auftrag und wünschen Sie Sich, in Einklang und in Frieden damit zu sein, indem Sie sich versichern, dass selbst wenn Millionen andere sich für den Hass entschieden haben, das schlichtweg nicht Ihre Bestimmung ist. Ihre Gedanken können Sie auf Folgendes richten: »Ich bin Gottes Schöpfung; ich beschließe, mit allen meinen Gedanken und all meinem Handeln mit dem Schöpferischen verbunden zu bleiben.«

Doch was machen Sie, wenn Sie hören, dass Terroristen Menschenleben einfach in die Luft gesprengt haben oder wenn Sie von irgendwelchen anderen Aktionen erfahren, die eindeutig nicht friedlich sind? Also ich versuche in solchen Momenten immer, Folgendes zu denken und auch auszusprechen: »Ich möchte mich gut fühlen. Ich habe mich Krieg oder kriegerischen Gedanken nicht verpflichtet. Ich bin ein Instrument des Friedens, und ich schicke friedliche, liebevolle Gedanken an die Menschen und Orte auf der Welt, die sie so dringend zu brauchen scheinen. Ich weigere mich, mit der Energie des Hasses irgendwo und zu jedweder Zeit zusammenzuarbeiten.« Die Alternativen zu dieser Art friedlichen Denkens sind Ärger, Hass und Furcht, die perfekt mit der Energie übereinstimmen, die so zerstörerisch ist. Eine Gegenkraft wird erzeugt, und Sie sind dann auf die gleiche Energie des Hasses ausgerichtet, die Sie veranlasst hat, sich alles andere als friedlich zu fühlen.

Was wäre nun aber, wenn wir uns als Reaktion auf Selbstmord-attentäter um die Verletzten kümmern und die Toten betrauern würden, die Tragödie jedoch nicht in den Nachrichten gesendet würde? Was wäre, wenn niemand von den Konsequenzen derartiger Gewalt berichten würde? Keine Meldungen. Kein Film. Was wäre, wenn wir die Entscheidung treffen würden, den Schmerz der Angehörigen und der Überlebenden zu respektieren, indem wir die Bilder ihres Leids nicht kommerziell vermarkteten? Was wäre, wenn dieses Denken an der Tagesordnung stünde?

Menschen, die solche Taten verüben, handeln aufgrund ihrer eigenen hasserfüllten Gedanken; sie hoffen – wenn auch unbewusst –, dass ihr Gegenüber ebenso reagieren wird, damit der Hass unvermindert weitergeht. Doch wenn sie keine Schlagzeilen mehr machen würden, wenn niemand ihnen Aufmerksamkeit schenken würde, dann kämen ihre Aktionen unweigerlich zum Stillstand. Sie persönlich können zu den Menschen gehören, die sich standhaft weigern, dem von Ihnen beobachteten Hass Gedanken mit niedriger Energie hinzuzufügen. Auf diese Weise können Sie einen Beitrag zum Durchbrechen dieses Teufelskreises leisten. Sie als Einzelperson können handeln und mehr Freude schaffen, indem Sie sich strikt weigern, in Ihren Gedanken Hass zu hegen. Sie unterbrechen dann den Zyklus der Gewalt auf dieser Welt, und zwar nicht, indem Sie Gewalt ablehnen, sondern indem Sie selbst ein Instrument des Friedens sind.

In dem Zitat aus dem Koran am Anfang dieses Kapitels steht, dass alles Gute, das man habe, von Gott komme und alles Böse aus einem selbst. Es gibt in Gott keinen Hass; es gibt nur Liebe. Sie können Frieden erfahren, indem Sie alles, was um Sie herum passiert, mit Gottesbewusstsein ins Gleichgewicht bringen. Es besteht keinerlei Notwendigkeit, dass Sie auf zerstörerische Handlungen anderer mit einer ebensolchen gedanklichen Antwort reagieren. Sie haben immer die Möglichkeit, Ihre mentale Energie in das von Ihnen Gewünschte zu investieren, und wenn Sie das tun, schaffen Sie eine neue Welt.

Lassen Sie mich Ihnen erzählen, wie ich entschieden habe, auf das Bombardement an Nachrichten zu reagieren, die sich nur auf das Schlechte auf Erden konzentrieren. Zuerst erinnere ich mich, dass es neben jeder schlechten Handlung Millionen gute gibt. Ich habe beschlossen, im Wesentlichen an das Gute im Menschen zu glauben, und indem ich diese Überzeugung aufrechterhalte, leiste ich einen Beitrag dazu, dieses Bewusstsein zu verwirklichen. Wenn ausreichend viele Menschen die Vorstellung übernehmen, dass alles Gute von Gott kommt, dann lernen wir kollektiv aus dieser friedlichen Haltung heraus zu leben.

Zweitens weiß ich sicher, dass Hass in meinem Herzen grundsätzlich nie Frieden bringen kann, egal wie groß er ist. Hass leistet nur einen weiteren Beitrag zum Vorhandensein all dieser destruktiven Energien. Deshalb habe ich beschlossen, meine Aufmerksamkeit auf das zu richten, wozu ich hier bin: mich *gut* – ja *göttlich* – zu fühlen. Ich unterstütze den Frieden, nicht den Krieg. Wie Albert Einstein in einem Brief an Sigmund Freud schrieb: »Ich bin nicht nur Pazifist, ich bin militanter Pazifist ... Nichts wird die Kriege abschaffen, wenn nicht die Menschen selbst den Kriegsdienst verweigern.« Ich, der ich den Einstein-Preis von der medizinischen Fakultät des Albert Einstein College der Yeshiva Universität verliehen bekommen habe, darf in aller Bescheidenheit noch hinzufügen: »... und wenn die Menschen sich nicht weigern, kriegerische Gedanken zu denken.«

In seinem Buch »Der lange Weg zur Freiheit«, schrieb Nelson Mandela: »Um mit einem Feind Frieden zu schließen, muss man mit diesem Feind arbeiten, und dann wird dieser Feind zum Partner.« Ich weiß, dass wir als Kinder Gottes alle miteinander verbunden sind. Das ist meine Denkweise, und wenn ich von einer Welt höre, die in Unordnung ist, weil viele das offensichtlich vergessen haben, entscheide ich mich immer dafür, die Gegenwart Gottes in mir zu fühlen, und dann weiß ich, dass wir es schließlich irgendwann lernen werden, gemeinschaftlich so zu leben. Doch alles beginnt damit, dass jeder Einzelne sich weigert, sich gedanklich und – als logische Folge – durch sein Verhalten zum Instrument des Unfriedens machen zu lassen.

Hitlers designierter Nachfolger Hermann Göring wird im »Nürnberger Tagebuch« folgendermaßen zitiert:

Nun, natürlich, das Volk will keinen Krieg. ... Aber schließlich sind es die Führer eines Landes, die die Politik bestimmen, und es ist immer leicht, das Volk zum Mitmachen zu bringen, ob es sich nun um eine Demokratie, eine faschistische Diktatur, um ein Parlament oder eine kommunistische Diktatur handelt. ... Das Volk kann mit oder ohne Stimmrecht immer dazu gebracht werden, den Befehlen der Führer zu folgen. Das ist ganz

einfach. Man braucht nichts dazu, als dem Volk zu sa-
gen, es würde angegriffen, um den Pazifisten ihren
Mangel an Patriotismus vorzuwerfen und zu behaup-
ten, sie brächten das Land in Gefahr. Diese Methode
funktioniert in jedem Land.

Ich habe die Entscheidung getroffen, nicht zu den Menschen zu gehören, die zum Mitmachen bewegt werden. Ich weigere mich, auf Geheiß irgendeines »Führers« zu handeln, der versucht, mich zu überzeugen, dass mein Glaube an den Frieden mich unpatriotisch sein lässt. Als ein nicht identifiziertes Mitglied des Pentagon einmal gefragt wurde, warum das US-Militär das Filmmaterial vom Golfkrieg zensiere, antwortete der Mann: »Wenn wir die Leute diese Dinge sehen lassen, würde es nie mehr Krieg geben.«

Nun, das ist mein Ziel – in einer Welt zu leben, in der kriegerische Gedanken unmöglich sind, weil wir unsere gesamte mentale Energie auf unseren Lebenssinn und -zweck auf Erden richten und nicht auf das, was wir verabscheuen. Der ehemalige US-Präsident Dwight Eisenhower, der auch Befehlshaber der Alliierten im Zweiten Weltkrieg war, hat einmal angemerkt:

Jedes Gewehr, das hergestellt wird, jedes Kriegsschiff,
das in See sticht, jede Rakete, die abgefeuert wird, be-
deutet letztendlich, Diebstahl an den Hungernden zu
begehen, die keine Nahrung bekommen, an Menschen,
die frieren und keine Kleidung haben. Diese bewaffnete
Welt vergeudet nicht nur Geld. Sie vergeudet den
Schweiß ihrer Arbeiter, das Genie ihrer Wissenschaft-
ler, die Hoffnungen ihrer Kinder. So kann man wahr-
lich nicht leben.

Das ist ein Aufruf, uns und unsere Welt wieder ins Gleichgewicht zu bringen. Frieden braucht heldenhaftes Denken und
die Reinheit des Gewissens. Bedenke ich das, halte ich an
meinem persönlichen Wunsch fest, ein gutes Leben zu führen.

Wenn ich Zerstörerisches sehe oder höre, erinnere ich mich
daran, *dass ich nicht hierher auf Erden gekommen bin, um am
Hass mitzuwirken. Auch wenn das bei anderen offensichtlich
der Fall ist, will ich bei meinem inneren Gefühl des Friedens
bleiben, der meine Berufung ist; und ich umgebe Menschen,
die böse Verhaltensweisen an den Tag legen, mit der gleichen
Lichtenergie.* Ich weigere mich einfach, gedanklich in den
Krieg zu ziehen. Ich habe die Entscheidung getroffen, Orten
im Dunkel ein Leuchtfeuer zu sein, Orten, die derartiger er-
leuchtender Energie beraubt wurden.

Und schließlich erinnere ich mich angesichts der ständigen
Berichte über Gewalt immer wieder, dass die Wahl, wie ich
auf all das reagieren will, bei mir liegt. Ich weiß, dass ich,
wenn ich als Reaktion auf Abscheulichkeiten hasserfüllte Gefühle hege, nur einen Beitrag zum Entstehen von noch mehr
Unheil auf der Welt leiste; außerdem entferne ich mich damit
von meinem göttlichen, schöpferischen Kern. Wie ein altes
chinesisches Sprichwort sagt: »Wenn du auf Rache sinnst,
dann grabe besser gleich zwei Gräber.«

Ich weiß, dass wir unsere Energie darauf lenken können, Gott
unsere Liebe zu bezeugen, indem wir einander lieben. Und ich
weiß, dass ich die Wahl habe, ob ich das Gute in der Welt
sehen will oder all das Negative. Wenn diese Meldungen über
Gewalt und Hass auf mich einströmen, schalte ich den Ton
aus und rufe mir ins Gedächtnis, was der Dalai Lama einmal
gesagt hat:

Mitleid und Liebe sind nicht nur Luxus. Als Quelle in-
neren und äußeren Friedens sind sie von grundlegender
Bedeutung für den Fortbestand unserer Spezies.

Das sind überaus wertvolle Worte, die das Gleichgewicht als notwendigen Zustand beschreiben. Ich bleibe in dieser Dimension einer friedlichen Welt im Gleichgewicht, indem ich diese Worte immer wieder aufs Neue wiederhole und verinnerliche. Ich weiß ganz sicher um meine Pflicht, in einem Bewusstsein zu verweilen, das auf Mitgefühl und Liebe beruht – und zwar nicht nur, um mein eigenes Gleichgewicht aufrechtzuerhalten, sondern um einen Beitrag zum Fortbestand der Menschheit zu leisten. Eine bedeutendere Berufung kann es gar nicht geben.

Kapitel acht

Liebe ist,
was bleibt,
wenn die Verliebtheit
nachlässt

Ihren Wunsch nach Liebe
und das Gefühl, nicht ausreichend geliebt zu werden,
miteinander in Einklang bringen

»Wer Gutes tut, klopft ans Tor; wer liebt, stellt fest, dass das Tor geöffnet ist.« RABINDRANATH TAGORE

»Menschen, die nach Liebe suchen, beweisen nur, dass sie ohne Liebe sind, und die ohne Liebe sind, werden niemals Liebe finden, nur die Liebenden finden Liebe und haben nicht nötig, danach zu suchen.« D. H. LAWRENCE

Liebe ist etwas, das wir alle uns wünschen, und warum auch nicht? Je mehr Liebe wir bekommen, desto mehr fühlen wir uns geliebt, und desto besser geht es uns. Sich gut (göttlich) zu fühlen, meint, sich im Einklang und in perfekter Harmonie mit der Quelle des Seins zu fühlen. Somit ist es ganz natürlich, dass es einer unserer größten Wünsche ist, zum Empfänger eines endlosen Stroms von Liebe zu werden. Doch was schafft nun dieses riesige Ungleichgewicht zwischen dem, was wir uns wünschen, und wie wir uns fühlen? Beim Beheben dieses Ungleichgewichts kommt Ironie mit ins Spiel, was die Beobachtung von D.H. Lawrence zum Auftakt dieses Kapitels perfekt zum Ausdruck bringt.

Wie bei allen anderen wichtigen Formen des Ungleichgewichts, von denen in diesem Buch bislang die Rede war, schließt das Wiedererlangen des Gleichgewichts eine energetische Neuausrichtung ein, die sich nicht erreichen lässt, wenn man nur Strategien im Hinterkopf hat oder sich neue Verhaltensweisen aneignet. Es ist vielmehr grundlegend zu wissen, welche Art Schwingungsenergie Sie an Ihre Wünsche senden. In diesem Fall ist es Ihr Wunsch, sich gut zu fühlen, indem Sie Liebe in Ihrem Leben haben. Das lässt sich nicht durch Forderungen erreichen oder indem wir außerhalb unseres eigenen Selbst danach suchen.

Der wesentliche Teil des Lawrence-Zitats ist »nur die Liebenden finden Liebe und haben nicht nötig, danach zu suchen«. An späterer Stelle in diesem Kapitel werde ich noch einmal auf diese wichtigen Worte zurückkommen. Bevor wir uns nun jedoch Möglichkeiten ansehen, was Sie konkret im eigenen Leben tun können, möchte ich noch auf Lawrence' Behauptung eingehen: »die ohne Liebe sind, werden niemals Liebe finden«. Wenn es zu wenig Liebe gibt, bedeutet das dann – zumindest der Interpretation von Lawrence zufolge –, dass wir *ohne Liebe sind*? Wir wollen uns das nun einmal genauer ansehen.

Ohne-Liebe-Sein,
ein Faktor bei diesem Ungleichgewicht

Wenn Sie nicht die Liebe erfahren, die Sie sich wünschen, dann ist es sicher eine wirklich gute Idee, doch einmal zu überlegen, wie es dazu gekommen ist. Offensichtlich wollen die meisten Menschen etwas außerhalb ihrer eigenen Person die Schuld an diesem Liebesmangel geben. Das ist Zeit- und Energieverschwendung, fühlt sich aber oft gut an, weil Schuldzuweisungen den Schmerz lindern, selbst wenn nur für kurze Zeit. Schuld-Energie trägt jedoch nur dazu bei, den Zustand des Ungleichgewichts aufrechtzuerhalten, und zwar ungeachtet, ob Sie sich selbst die Schuld geben oder jemand anderem. Im Einklang zu sein beruht darauf, dass Sie im Leben das bekommen, worauf Sie sich mental ausgerichtet haben. Sie haben sich mittlerweile lang genug mit diesem Buch auseinandergesetzt, um zu wissen, was ich meine: *dass Sie bekommen, woran Sie denken!*

Während Sie Ihren Zustand, den wir »Ohne-Liebe-Sein« nennen wollen, durch Gedanken rechtfertigen, dass Sie eben nicht geschätzt werden, oder indem Sie die ganze Welt als lieblosen

Ort sehen, bleibt die Tatsache bestehen, dass Sie sich aufgrund dieses Ungleichgewichts nicht gut fühlen, weil Sie nicht ausreichend Liebe in Ihrem Leben haben. Darauf zu warten, dass andere sich ändern oder dass in Ihrem Umfeld eine Veränderung vonstatten geht, die dann Ihr Gleichgewicht wiederherstellt, funktioniert nicht ohne Ihr engagiertes Zutun. Das heißt, Sie müssen gleichzeitig die Verantwortung übernehmen und Ihr Denken dahingehend verändern. Bleibt das anderen vorbehalten, überlassen Sie die Kontrolle über Ihr Leben jemandem oder etwas außerhalb Ihrer Person – und das ist sicher das beste Rezept für eine Katastrophe.

Ich möchte hier einen Punkt betonen: Wenn Sie das Gefühl haben, in Sachen Liebe im Leben zu kurz zu kommen, dann entsteht dieser Eindruck, weil Sie Ihre Gedanken und Verhaltensweisen auf Ohne-Liebe-Sein ausgerichtet haben. Wie machen Sie das nun aber? Indem es Ihnen nicht gelingt, Ihren Wunsch nach Liebe mit Gedanken in Einklang zu bringen, die mit diesem starken Wunsch harmonieren. Ihre Gedanken könnten in etwa so aussehen: »Ich war nie fähig, eine längere Beziehung zu führen. Ich bin nicht attraktiv genug, damit mich jemand so liebt, wie ich gern geliebt werden möchte. Die Menschen sind grausam und benutzen mich. Ich sehe überall nur Feindseligkeit und Ärger. Diese Welt ist gleichgültig, und es mangelt ihr an Liebe.«

Derartige Gedanken entfernt Sie zwangsläufig von Ihrem Wunsch, Liebe in Fülle zu empfangen. Sie ziehen genau das in Ihr Leben, woran Sie denken, und Sie sind versehentlich in den »Club der Ungeliebten« eingetreten – wie die Mehrheit der Menschheit, also alle, die meinen, dass die Menge an Liebe, die in ihr leeres Herz strömt, nicht ausreichend sei. All das lässt sich ändern, indem Sie Ihre Ausrichtung verändern und ein für alle Mal damit aufhören, der Erfüllung Ihres Wunsches nach Liebe Steine in den Weg zu legen. Zuerst einmal sollten Sie sich abgewöhnen, nach der Liebe zu suchen.

Schluss mit der Suche

Was genau meint der Dichter aber nun mit »Menschen, die nach Liebe suchen, beweisen nur, dass sie ohne Liebe sind?« Nun, wenn Sie etwas suchen, dann haben Sie das Gefühl, dass das Begehrte in Ihrem Leben fehlt. Ist das zum Beispiel Liebe, dann sagen Sie damit eigentlich: »Ich erfahre einen Mangel an Liebe, und durch meine Suche erhoffe ich mir, diese Leere zu füllen.« Doch das Problem dabei ist, dass Sie – anstatt die Leere zu füllen – nur noch mehr aus dem Gleichgewicht geraten. Den Mangel an Liebe werden Sie auf diese Weise nicht beheben. Warum? Weil Sie so noch mehr von der Überzeugung in die eine Waagschale werfen, dass es Ihnen an Liebe mangelt, anstatt die andere Seite der Waage mit Gedanken der Liebe zu versorgen. Anders gesagt: Ihre mentale Energie ist darauf ausgerichtet zu finden, was fehlt, obwohl Sie sich doch eigentlich wünschen, dass Liebe in Ihr Leben strömen möge.

Diese Art Fehlausrichtung zieht nun weiterhin mehr von dem an, was fehlt. Sie denken an die Liebe, die Ihnen momentan fehlt. Das Universum kooperiert mit diesen Gedanken, indem es sich mit seinen Schwingungen exakt auf das einstellt, woran Sie denken. Woher weiß das Universum, wie das geht? Nun, es bringt durch das Gesetz der Anziehung seine Schwingungen mit Ihren Überzeugungen in Einklang.

Sie müssen nur den Suchscheinwerfer ausschalten und den

Suchtrupp entlassen. Ersetzen Sie beide durch die Energie liebevoller Gedanken. Sie entstammen einem Ort des Geistes, der sich durch Liebe definiert. Wenn Sie damit beginnen, Ihr Leben wieder so ins Gleichgewicht zu bringen, dass Ihr Wunsch, Ihre Denk- und Verhaltensweise eine liebevolle Partnerschaft eingehen, dann wird Ihnen klar, dass Ihr Wunsch eigentlich eine Manifestation des göttlichen Ursprungs ist.

Ihre Sehnsucht nach Liebe ist eine Sehnsucht, Gott auf mentaler Ebene ähnlicher zu werden. Mit dieser Bewusstheit werden Sie bald verstehen, dass es absolut unsinnig ist, außerhalb Ihrer eigenen Person zu suchen, denn Sie tragen alles bereits in sich. Niemand vermag Ihnen Liebe zu geben – wie D. H. Lawrence sagt: »Die ohne Liebe sind, werden niemals Liebe finden.« Viele Menschen konzentrieren sich zu sehr darauf, dass sie *nicht haben*, was sie sich wünschen, anstatt auf das, *was sie bereits sind.*

Zudem glauben Menschen, die sich nach Liebe sehnen, dass sie der Liebe, die sie sich so wünschen, eigentlich unwürdig sind – und nun raten Sie, was jetzt kommt. Sie ziehen so immer mehr Beweise Ihrer vermeintlichen Wertlosigkeit an. Wenn Sie die Suchscheinwerfer abschalten, können Sie Ihre Aufmerksamkeit darauf richten, die Möglichkeiten, die Ihnen zur Verfügung stehen, um eine Fülle von Liebe zu bekommen, auszuschöpfen. Und das ist dann die Ironie, die D. H. Lawrence perfekt mit den Worten zusammenfasst, dass »nur die Liebenden Liebe finden und es nicht nötig haben, danach zu suchen«.

Liebe werden

Wie der Titel dieses Kapitels schon vermuten lässt, geht meine Definition von Liebe über die zugegebenermaßen herrliche Lust und Spannung hinaus, die Sie erleben, wenn Sie frisch verliebt sind. Diese glühende Leidenschaft ebbt schließlich ab, und was bleibt, ist wahre Liebe oder das Gleichgewicht, nach dem Sie streben. Und was ist ein hervorragendes Beispiel dafür? Zu lieben, wie Gott es tut – die Fürsorge, die Sie als Schöpfung definiert, zu erweitern, und zwar möglichst immer und überall.

Diese Art Liebe lässt Sie Ihr eigenes Ego vergessen, und Sie wünschen sich, dass anderen in noch größerem Maße zuteilwird, was Sie sich selbst wünschen. So scheint der Schöpfungsakt zu funktionieren. Ihr Schöpfer erbittet keine Gegenleistung, weil er Ihnen das Leben geschenkt hat – es wird Ihnen freiwillig und in reicher Fülle gegeben, und niemand ist davon ausgeschlossen. Sie müssen Gott nichts zurückerstatten, weil er Ihnen dieses Dasein geschenkt hat und die Luft, die Sie zum Atmen brauchen oder das Wasser, das Sie am Leben hält. Ohne diese freiwilligen Gaben könnten Sie nicht überleben. Das ist die Liebe, die Gott Ihnen zuteilwerden lässt.

Um in Ihrem Leben mehr Liebe zu erfahren, müssen Sie Ihre Gedanken und Verhaltensweisen mit der Energie Ihres Ursprungs in Einklang bringen, nämlich so die Liebe zu sein, wie Gott es ist. Das bedeutet, dass Ihnen auffällt, wenn Sie über sich und andere Urteile fällen wollen, als wären Sie oder andere Menschen der Liebe unwürdig. Das bedeutet, von Ihrem Bedürfnis, recht zu haben, abzusehen. Seien Sie einfach sich selbst und anderen gegenüber freundlich, sooft sich die Gelegenheit dazu ergibt. Das wiederum bedeutet, sich selbst und anderen Liebe zu geben, anstatt sie einzufordern. Ihre liebevollen, freundlichen Gesten kommen dann von Herzen, weil Sie spüren, wie die Liebe aus Ihrem Inneren strömt – und zwar nicht, weil Sie dafür eine Gegenleistung erwarten. Ein hoher Anspruch? Eigentlich nicht, außer Sie glauben, dass sich das schwierig gestalten könnte.

Voller Liebe zu sein entspricht Ihrem natürlichen Zustand, und Ihr Ego ist kein Teil dessen. Es kann nur dominieren, wenn Sie sich von Ihrem göttlichen Kern entfernt haben, dem liebevollen, fürsorglichen Selbst, das von einem Ort der perfekten bedingungslosen göttlichen Liebe hier hergekommen ist. Sie schleppen diese Ego-Vorstellungen, unheimlich wichtig und eigentlich immer im Recht zu sein, schon so lange mit sich herum, dass Sie Ihrer eigenen Täuschung anheimfallen. Daher identifizieren Sie sich irrtümlicherweise mit diesem Ego-Selbst. Wundern Sie sich wirklich, dass Sie aus dem Gleichgewicht sind? Sie haben sich aufgrund reiner Illusionen für eine Überzeugung entschieden! Indem Sie es zugelassen haben, dass diese Illusionen zur beherrschenden Kraft werden konnten, haben Sie durch Ihr egozentrisches Selbst ein gewaltiges Ungleichgewicht in Ihrem Leben erzeugt.

Das Ergebnis ist, dass Sie Liebe empfinden wollen – die wahre Liebe, die Liebe, die das wahre Wesen Ihres Seins ausmacht, die Liebe, die Sie sind – doch Sie empfinden stattdessen Leere. Warum ist das so? Weil diese Leere nur mit Liebe gefüllt werden kann, wenn Sie Ihr Herz dem Geist der Liebe öffnen. Sie wissen vielleicht nicht einmal genau, wo sie ihren Ursprung genommen hat, aber Sie können sie innerlich spüren. Es ist *Ihre* Leere, die von niemandem sonst. Deshalb können auch nur *Sie* sie füllen. Ihr Ziel ist, Ihre innere Liebe zu bitten, sich Ihnen zu zeigen – nämlich als Bewusstheit, dass Sie bereits voller Liebe sind, die Sie sich selbst schenken können. Und dazu müssen Sie nur eines tun: bitten und empfangen. Indem Sie allein das tun, ziehen Sie mehr von dem an, was Sie verschenken.

Sie können nur geben, was Sie innerlich haben

Inwieweit Sie dieses Ungleichgewicht wieder ins Lot bringen, hängt von ihrem Willen ab, sich mit der Quelle des Seins zu verbinden und zu einem reinen Instrument der Liebe zu werden. Sie müssen von diesem Augenblick an geloben, sich ausschließlich mit liebevollen Augen zu betrachten und die Liebe zu bitten, Ihr treuer Begleiter zu sein. Hier nun eine Affirmation, die Ihnen helfen soll, diesen Kurs auch beizubehalten: »Heiliger Geist, leite mich an.« Diese simple, nachdrückliche Aussage richtet Sie auf Liebe aus. Selbstverachtung oder Selbstablehnung vermögen Ihr Gleichgewicht dann in keiner Weise zu beeinträchtigen; Sie haben nichts als Liebe zu verschenken. Begegnen Sie sich oder anderen Menschen hingegen mit Verachtung oder Ablehnung, besteht ein Schwingungsäquivalent mit diesen Energien, und Sie werden sich dann weiterhin in Ihrem Leben damit konfrontiert sehen.

Viele Menschen geben anderen – oder einer lieblosen, gleichgültigen Welt – die Schuld daran, dass zu wenig Liebe vorhanden sei. Jeder bestehende Unterschied zwischen der Liebe, die Sie sich wünschen, und der Liebe, die Sie tatsächlich empfangen, ist ein Spiegel, eine Reflexion Ihres Denkens. Wenn Sie Hass ausstrahlen, bekommen Sie Hass zurück; schenken Sie Liebe, dann strömt sie in Ihr Leben.

Stellen Sie sich ein Behältnis in der Größe Ihres Herzens

vor. Dieses Behältnis ist die einzige Quelle allen Denkens. Immer wenn Sie etwas denken, müssen Sie einen Gedanken daraus auswählen und ihn in die Welt hinausschicken. Wenn Sie sich dieses bildhaften Vergleichs bedienen, geht es nicht mehr nur darum, positive, liebevolle Gedanken auszuwählen und Ihre Welt wieder harmonischer werden zu lassen. Es geht eigentlich viel mehr darum, was in dem Behältnis drinnen ist – also, was in Ihrem Herzen gespeichert ist, um es anderen zuteilwerden zu lassen. Dieses innerliche Behältnis ist mit einem endlosen Vorrat an Liebe verbunden; Sie müssen nur Ihre Gedanken auf diese Quelle ausrichten, um von Liebe erfüllt zu werden: Liebe für sich selbst, die Welt, das Leben, alle anderen Menschen und – was am wichtigsten ist – Liebe für Ihren göttlichen Ursprung. Dann ist all dies auch Teil von Ihnen, und Sie können es verschenken. Die logische Folge ist, dass alle diese Dinge auch wieder auf Sie zurückkommen.

Es wurde gesagt, dass der Unterschied zwischen einem Normalsterblichen mit einem durchschnittlichen Bewusstseinsniveau und einem sogenannten Heiligen darin bestehe, dass Heilige nicht einen Augenblick in ihrem Leben Gott vergessen. Sie sind fröhlich, auch wenn sich das Leben schwierig gestaltet, geduldig, wenn andere ungeduldig sind, und voller Liebe, wenn andere mit Hass reagieren. Warum? Aufgrund ihres inneren Behältnisses. Normale Menschen haben eines, aus dem sie unter bestimmten Umständen liebevolle Gedanken auswählen. Der Heilige verfügt über ein inneres Gefäß, das gar nichts anderes enthält und aus dem und in das die Liebe frei strömt.

Anstatt also einfach an der Veränderung der Gedanken zu arbeiten, um friedlicher und liebevoller zu werden, warum nicht nach den Sternen greifen und wie der göttliche Kern denken, der Sie sind? Konzentrieren Sie sich auf Ihr inneres

Behältnis. Wenn Sie ständig sagen: »Heiliger Geist, leite mich an.«, dann werden Sie feststellen, dass Ihr Behältnis ob all dieser liebevollen Gedanken überfließt, so dass keinerlei Negativität Ihr inneres Gleichgewicht zu gefährden vermag.

Wie Liebe in den Augen eines Kindes aussieht

Hier nun einige Kostbarkeiten, die beschreiben, was Liebe ist, und zwar aus der Sicht einer Gruppe von vier bis acht Jahre alten Kindern. Während Sie daran arbeiten, in Ihrem Leben wieder ein Gleichgewicht in Sachen Liebe herzustellen, sollten Sie die folgenden herzerfrischenden Gedanken auf sich wirken lassen, was Liebe ist.

- Wenn dich jemand lieb hat, dann sagt er deinen Namen anders.
- Liebe ist, wenn man Essen geht und dem anderen die meisten von seinen Pommes frites gibt, ohne welche zurückzuwollen.
- Liebe ist, wenn mein Papa für meine Mama Kaffee macht; und dann trinkt er einen Schluck, bevor er ihn ihr gibt, um sicher zu sein, dass er auch gut schmeckt.
- Liebe ist, wenn meine Mama meinem Papa das beste Stück vom Hähnchen gibt.
- Einmal stand ich bei einem Klavierkonzert auf der Bühne und hatte Angst. Ich schaute all die Menschen an, die mich beobachteten, und dann sah ich meinen Papa, wie er mir zuwinkte und lächelte. Er war der Einzige. Da hatte ich keine Angst mehr.

Und mein Lieblingszitat:

 Liebe ist, was an Weihnachten im Zimmer ist, wenn man aufhört, die Geschenke zu öffnen, und lauscht.

Genau darum geht es. Wenden Sie Ihren Blick nach innen und lauschen Sie. Liebe ist, was bleibt, wenn die Verliebtheit nachlässt, denn Liebe ist eine endlose Quelle. Verschenken Sie sie. Teilen Sie Ihre Pommes frites mit jemandem. Geben Sie jemandem das beste Stück vom Hähnchen. Winken Sie dem Universum zu und lächeln Sie, und dann werden Sie rasch verstehen, was Victor Hugo gemeint hat, als er sagte: »Liebe ist die Reduktion des Universums auf ein einziges Wesen.«

Es bleibt nicht nur Liebe übrig, wenn die Verliebtheit nachlässt, sondern Liebe ist auch die Quelle, aus der wir alle kommen. Elizabeth Barrett Browning beschreibt mit sehr poetischen Worten das Ende des Lebens als Rückkehr zur reinen Liebe:

Rate, wer dich nun in den Armen hält?
»Der Tod«, sagte ich. Doch da
erklang die silberne Antwort:
»Nicht der Tod, sondern die Liebe.«

Und so scheint es also, dass die Liebe wirklich alles ist, was bleibt, wenn auch der Körper stirbt.

Kapitel neun

Die Erde ist
voll
des Himmels

Ihren Wunsch nach Spiritualität
und Ihr materielles Leben
miteinander in Einklang bringen

»Das Leben auf Erden und das Leben im Geiste sind nicht
unvereinbar.«   DIE UPANISCHADEN

»... die meisten Menschen leben, ohne sich ihres spirituellen
Wesens im mindesten bewusst zu sein ...«

SØREN KIERKEGAARD

Sie sollten den Himmel nicht als einen Ort betrachten, an den Sie gelangen, wenn Ihre Zeit auf Erden abgelaufen ist. Sie können den Himmel schon jetzt erfahren, wie der Titel dieses Kapitels vermuten lässt. Er ist übrigens einem Gedicht von Elizabeth Barrett Browning entnommen – »Voll des Himmels«. Doch sehen Sie in Ihrem täglichen Leben diesen Himmel? Haben Sie den Eindruck, sich in einer himmlischen Welt zu befinden? Wenn Ihre Antwort nein lautet, dann sind Sie aus dem Gleichgewicht. Sie haben dann vermutlich Ihre physische Welt zum Fixpunkt Ihres Lebens gemacht, wobei Sie dem himmlischen Teil Ihrer Existenz auf Erden wenig oder keine Aufmerksamkeit schenken.

Wie sich dieses Ungleichgewicht gestaltet

Wenn Sie einen Großteil Ihrer Lebensenergie auf die materielle Welt richten, sind Sie im Allgemeinen ständig im Zustand der Sorge um Ihre »Habseligkeiten«, und Sie haben das Gefühl, als kämen Sie im Spiel des Lebens überhaupt nicht voran. Ihre gesamte mentale Energie ist praktisch auf das gerichtet, was Sie haben oder eben auch nicht. Sie beziehen Ihr Selbstwertgefühl aus Materiellem – zum Beispiel was für ein Auto Sie fahren oder wie modisch Sie sich kleiden. Sie fühlen sich vielleicht sogar minderwertig, weil andere Menschen mehr besitzen als Sie. Dieses Ungleichgewicht zwischen der spirituellen und der materiellen Welt bedeutet in der Regel, dass Verschuldung zum Lebensstil wird. Ihr Wunsch nach immer größeren, besseren und teureren Sachen führt dazu, dass Sie Kredite aufnehmen und Ihre finanziellen Verpflichtungen zunehmen. Über kurz oder lang übersteigen diese Schulden dann Ihr Vermögen, all diese Anschaffungen auch wirklich zu bezahlen.

Sie sind so sehr mit Materiellem beschäftigt, dass Sie sich darauf ausrichten, die Nummer eins zu werden und sich mit anderen zu messen. Diese vorrangige Beschäftigung mit materiellen Angelegenheiten führt zu einer oberflächlichen Betrachtung des Lebens, denn dann gilt der schöne Schein mehr als die Substanz. Wie etwas aussieht hat dann mehr Wert, als wie sich etwas anfühlt. Was andere denken, ist das wichtigste Maß aller Dinge, und wie Sie den Ihnen von außen auferlegten Maßstäben gerecht werden, hat oberste Priorität.

Ein verheerender Aspekt bei einem Ungleichgewicht zwischen Spiritualität und Materiellem besteht in dem Zeitaufwand und der mentalen Energie, die Sie für finanzielle Überlegungen einsetzen. Geld ist dann der wichtigste Maßstab der Beurteilung, und zwar sogar wenn es um Ihr persönliches Glück, um Ihren inneren Frieden und Gefühle hinsichtlich Ihres Selbstwerts geht. Alles wird auf der Basis von Preis und Kosten kalkuliert: »Wie viel ist das wert? Wie viel kostet das? Kann ich mir das leisten? Behält das seinen Wert? Sollte ich eine Versicherung für dieses oder jenes abschließen? Was passiert im Fall eines Diebstahls? Könnte ich es mir leisten, einen Ersatz anzuschaffen?«

Ihre innere Welt ist vollgestopft mit Gedanken an Kosten und Barwert. Auf Ihrer bildlichen Waage neigt sich die Waagschale mit den Gedanken nach unten, die einem Bewusstsein entspringen, bei dem Aussehen, Leistung und Anschaffungen das sind, was Ihnen überhaupt auffällt. Dieses Bewusstsein hindert Sie an der Erkenntnis, dass hier und jetzt, wo Sie gerade sind, alles »voll des Himmels« ist. Anstatt nach dem Himmel auf Erden zu suchen, verdonnert Ihr Denken Sie dazu, Ihr Dasein mit den Konsequenzen dieser unangemessenen Sicht des Lebens zu fristen.

Die Auswirkungen des Ungleichgewichts

Wenn Sie aus dem Gleichgewicht sind und sich die Waagschale auf der materiellen Seite des Lebens stark nach unten neigt, zahlen Sie einen hohen Preis. Die schlimmste Konsequenz ist, dass Sie sich selbst falsch sehen. Ihr wahres Wesen ist spirituell – also geistiger Natur –, nicht physisch, doch Sie sind nicht in der Lage, dies zu erkennen.
Ihr unendliches Selbst wird nie geboren und es ist unsterblich. Wenn sich eine Ihrer Waagschalen zugunsten der materiellen Welt nach unten neigt, identifizieren Sie sich mit etwas, das einem steten Wandel unterliegt. Ihr Körper, Ihr Besitz, Ihre Errungenschaften und Ihre Finanzen sind allesamt vergänglich. Sie kommen und gehen wie der Wind. Jedes Mal, wenn Sie meinen, etwas geschafft zu haben – ungeachtet, ob es sich um Ihr äußeres Erscheinungsbild oder um Unmengen Geld handelt –, verändert sich etwas. In diesen Bereichen werden Sie sich immer wieder mit irgendwelchen neuen Begierden, mit Unsicherheit und Angst konfrontiert sehen. Ihre Hauptsorgen, wenn Sie auf der Skala Ihrer Waage so sehr in Richtung Materialismus tendieren, sind Stress und Ängste. Ihre Identi-

fizierung mit Ihrem Körper und Ihrem Aussehen verwandelt sich in Bitterkeit und Angst, denn Ihr Körper unterliegt dem Alterungsprozess, und irgendwann ist Ihr – vermeintlich – »wahres Selbst« nur noch eine blasse Erinnerung, eine Illusion, die unwiederbringlich verloren ist.

Auf ähnliche Weise verliert auch Ihr Hab und Gut an Wert, es veraltet und wird eines Tages einfach verschwinden. Sie fühlen sich dann leer, ohne Sinn und betrogen. Ihre ganze harte Arbeit samt Ihrer Konzentration auf Anschaffungen, Errungenschaften und Ihren Ruf, wird nahezu bedeutungslos. Das Ergebnis ist Enttäuschung, Bedauern und vielleicht sogar Feindseligkeit der Welt gegenüber. Aber nicht die Welt ist dafür verantwortlich – all die stressauslösenden Sorgen sind vermeidbar, wenn Sie sich dafür entscheiden, materialistisches Denken und Spiritualität wieder mehr miteinander in Einklang zu bringen. Nur eine ausgewogene Aufteilung dieser beiden Aspekte Ihres Lebens ist wahrhaft erstrebenswert.

Die Überschrift dieses Kapitels lautet: »Die Erde ist voll des Himmels«. Das heißt, dass alles bereits im Hier und Jetzt vorhanden ist – nicht irgendwo anders, in ferner Zukunft oder nach dem Tod Ihres Körpers. Der Himmel ist hier, jetzt, in diesem Moment ... wenn Sie Ihren Gleichgewichtspunkt wiederfinden.

Die Waagschalen ins Gleichgewicht bringen

Der vielgelobte Himmel ist ein Geisteszustand, kein Ort, denn der Geist ist überall und in allem. Sie können anfangen, Ihr materielles und spirituelles Leben ausgewogener zu gestalten, indem Sie die bewusste Entscheidung treffen, bei allem und jedem, mit dem Sie konfrontiert werden, nach dem Geist Ausschau zu halten, der sich darin zum Ausdruck bringt. Ich persönlich tue das, indem ich mich bemühe, meine Welt so zu betrachten, als würde ich sie durch eine Brille ansehen, die die Form und alle materiellen Aspekte des Gesehenen ausfiltert, so dass ich schließlich nur die spirituelle Energie wahrnehme, die dem, was ich sehen kann, überhaupt erst erlaubt zu sein. Versuchen Sie, sich eine solche magische Brille aufzusetzen, und sehen Sie, in welch neuem Licht Ihnen plötzlich alles erscheint. Die Natur ist ein schöner Ort, um mit diesem Experiment zu beginnen.

Natur

Wenn Sie einen Baum ohne diese Brille ansehen, die die äußere Form verschwimmen lässt, sehen Sie vielleicht Äste, Blüten und Blätter. Mit Ihrer reizvollen neuen Brille lösen sich die Linien auf, die die Grenzen der Bäume festlegen, und die Energie schwingt so schnell, dass sich Ihnen ein völlig neuer Anblick des Baumes eröffnet. Sie sehen dann den Raum zwischen den Blättern und bemerken das Schweigen der mittlerweile abgestorbenen Eichel oder des Apfelkerns, aus dem der erste Spross der Schöpfung hervorgegangen ist und der schließlich den ganzen Prozess in Gang gesetzt hat, aus dem dann der Baum wurde, den Sie nun betrachten.

Sie sehen die Fortführung dieses lebenspendenden Prozesses, der im tiefen Inneren des Baumes beheimatet ist und ihn im Winter schlafen und im Frühling erblühen lässt – für immer und ewig, oder zumindest während der Zeit seines Lebens. Es wird Ihnen bewusst, dass Äpfel nicht nur neue

Früchte hervorbringen, sondern auch unendlich viele Apfelbäume. Sie sehen diese Lebenskraft in einem einzigen Baum; sie erstreckt sich in einem nie endenden Strom der Schöpfung.

Beginnen Sie damit, die Natur mit dieser neuen Sichtweise zu betrachten – Vögel, Ameisen, Seen, Berge, Wolken, Sterne, einfach alles. Vertiefen Sie Ihre Betrachtung, damit Sie nicht nur die Form und die Begrenzungen sehen. Schätzen Sie das Wunder, das Ihre Umwelt bedeutet. Und wenn Sie das tun, kommen Sie unwillkürlich wieder ins Gleichgewicht.

Menschen

Diese neue Brille erlaubt es Ihnen, jeden aus einem neuen Blickwinkel zu betrachten. Sie sehen nicht mehr nur groß und klein, hell und dunkel, männlich und weiblich, alt und jung, schön und hässlich. Ihre Brille lässt die Linien verschwimmen, die Menschen anhand kultureller oder religiöser Unterschiede kategorisieren, und Sie sehen andere nicht nur als physische Erscheinung oder als die Sprache, die sie sprechen. Alle Äußerlichkeiten lösen sich durch die Filter Ihrer Brille und in Ihren Gedanken auf, so dass Sie jetzt zu sehen vermögen, wie sich die spirituelle Energie in jedem Menschen entfaltet, der Ihnen begegnet.

Was Ihnen auffällt, ist reine Liebe, die vor Ihren Augen vibriert. Sie sehen personifizierte Freundlichkeit; Sie sehen und fühlen die gleiche Verletzlichkeit bei allen anderen, die Sie auch bei sich selbst empfinden; Sie sehen vielfältige Formen friedlicher, schimmernder Energie, die alle Wesen miteinander verbindet. Ihre neue Perspektive fordert Sie auf, sich spielerisch vorzustellen, dass zwei Menschen Sie geschaffen haben, und dass vier Menschen diese zwei Menschen geschaffen haben, von denen Sie abstammen usw.

Gehen wir einige Generationen zurück bis zur Zeit von Abraham Lincoln, so mussten sechzehntausend Menschen sich vereinigen, um Sie zu erschaffen! Wir können uns vorstellen, bis zur Epoche von Sokrates zurückzugehen, und uns dann über die Arithmetik wundern, auf die wir stoßen. Es waren Billionen Menschen erforderlich, um einen einzigen zu erschaffen; und wir sind alle auf seltsame Weise, miteinander verwandt. All diese faszinierenden Verbindungen beginnen Sie mit Ihrer imaginierten magischen Brille zu beobachten, die Ihre Gedanken verändern. Sie stellen fest, dass es niemanden gibt, den Sie beurteilen, hassen oder dem Sie Schaden zufügen müssten, weil Sie klar und deutlich erkennen, dass wir alle miteinander verbunden sind. Wir sind eigentlich alle eins. Davon ausgehend können Sie nun Ihre Perspektive erweitern, um das Leben umfassender wahrzunehmen.

Ereignisse

Früher haben Sie das Kommen und Gehen der Menschen als reinen Zufall betrachtet, der in einem bestimmten Moment passiert und die Ereignisse in Ihrem Leben und in dem anderer gestaltet. Nun gestattet Ihnen Ihre filternde Brille die Erkenntnis, wie all diese Dinge energetisch miteinander zusammenhängen. Sie sehen jetzt ein unendliches Netzwerk an Energien, die dem Denken aller entströmen und die Ereignisse im Leben aller energetisch perfekt harmonisieren. Sie sehen Menschen mit sehr schnellen Energieschwingungen, die perfekt auf die Energie des göttlichen Ursprungs abgestimmt sind. Sie sehen, wie sie mit der allmächtigen, allwissenden Quelle des Lebens in Einklang sind und wie Ereignisse durch ein Schwingungsäquivalent perfekt angezogen werden.

Sie verstehen Unfälle, Tragödien oder Schrecken als Schwingungsäquivalente, die zu vermeintlichen »Fehlern« auflaufen, in Wirklichkeit jedoch das Ergebnis zweier oder mehrerer Energien sind, die in einem übergeordneten Bild aufeinandertreffen, das zu sehen Sie zuvor nicht in der Lage waren. Sie beobachten die Verbindung, die zwischen den Erwartungen der einzelnen Personen und was sie in ihrem Leben anziehen, besteht. Mit Ihrer erstaunlichen magischen Brille stellen Sie fest, dass alle Ereignisse und alle »zufälligen« Begegnungen in Wirklichkeit unglaublich stimmige Schwingungsäquivalente sind, nicht Situationen, die zufällig eintreten. Mit dieser Bewusstheit erlangen Sie ein Gleichgewicht zwischen Geist und Form.

Wie Ihr Leben aussieht, wenn zwischen Geist und Form ein Gleichgewicht besteht

Hier nun, worauf ich als Ergebnis meiner Fähigkeit, diese beiden Aspekte in meinem Leben im Gleichgewicht zu halten, gestoßen bin. Ich sehe jetzt spirituelle Energie in allen Menschen, die mir begegnen. Wenn ich mich versucht fühle, über jemanden ein Urteil zu fällen, erinnere ich mich, diese Menschen durch meine magische Brille zu sehen. Gelingt mir das, lösen sich alle negativen Urteile in Wohlgefallen auf. Ich fühle mich friedlicher, da ich weiß, dass ich nicht nur dieser Körper bin, den ich einmal verlassen werde. Ich fühle auch tagtäglich den lebensspendenden Geist in mir, und das ist schier berauschend! Ich weiß jetzt, dass ich ein unendliches spirituelles Wesen bin und dass ich diese Ursprungsenergie mit allen Menschen auf Erden teile – sogar mit allen, die je gelebt haben und je leben werden.

Mein Zugewinn an mentaler und körperlicher Ausgeglichenheit gibt mir die Möglichkeit, in einem beständigen Zustand der Dankbarkeit und der Ehrfurcht zu verweilen. Ich sehe überall Wunder. Ich nehme mich selbst weniger ernst. Ich fühle mich innig mit anderen verbunden, habe weniger Stress, fühle mich weniger unter Druck, mich anzupassen oder mehr erreichen zu müssen. Und die Ironie bei dem Ganzen ist, dass ich viel leistungsfähiger bin, weil der schöpferische Geist mich ungehindert durchströmt.

Es tritt eine bedeutsame Veränderung in Ihrem Leben ein, wenn Sie das Ungleichgewicht zwischen Ihrem physischen und Ihrem mentalen Sein korrigieren.

Hier nun ein Auszug aus diesem Gedicht von Elizabeth Barrett Browning:

Die Erde ist voll des Himmels,
Und jeder einfache Busch ist von Gott entflammt;
Doch nur wer sieht, zieht seine Schuhe aus,
Der Rest sitzt im Kreis und zupft Brombeeren ...

Als Moses sich dem brennenden Dornbusch näherte, zog er seine Schuhe aus und hielt mit Gott Zwiesprache. Sie können Ihre Perspektive verändern und mit neuen Augen sehen, ermutigt durch Ihre Gedanken. Wenn Sie das tun, werden Sie feststellen, dass die Dichterin recht hat: *Die Erde ist wahrhaftig voll des Himmels!* Wenn Sie es nicht glauben und dementsprechend Ihr Leben führen, dann sitzen Sie aber hoffentlich da und haben Freude am Pflücken der Brombeeren.

Sogyal Rinpoche beobachtete, dass »zwei Menschen Ihr ganzes Leben in Ihnen leben. Der eine ist das Ego – schwatzhaft, fordernd, hysterisch und berechnend; der andere ist das verborgene spirituelle Wesen, dessen stille Stimme der Weisheit Sie kaum je vernommen oder beachtet haben ...« Ich möchte Sie nun auffordern, Ihr Gleichgewicht wiederherzustellen, indem Sie überall nach dem Himmel Ausschau halten und dieses verborgene spirituelle Wesen wahrnehmen und es beachten, das stets in Ihnen ist und Ihnen ständig zuflüstert, ihm mehr Beachtung zu schenken.

Matthieu Ricard

Glück

*Mit einem Vorwort
von Daniel Goleman*

»Glück ist kein Zufall, sondern jeder kann es erlernen«, meint Matthieu Ricard. Es entsteht, wissenschaftlich messbar, aus einem inneren Gleichgewicht von Körper und Geist. Es ist das Resultat eines Reifungsprozesses, der ganz allein von jedem Menschen selbst abhängt. Dazu gehört auch, sich von der Macht negativer Emotionen wie Hass, Neid, Verlangen und Egoismus zu befreien und sich stattdessen von Mitgefühl, Demut und Güte leiten zu lassen, um im Einklang mit sich und der Welt zu leben. Dieser innere Zustand, der nicht von äußeren Umständen abhängig ist, ist der Schlüssel zu lebenslangem, tief empfundenem Glück. Kleine Übungen und Meditationsanleitungen am Ende eines jeden Kapitels weisen einen klaren Weg zu einem glücklicheren Leben.

KNAUR★
MENSSANA

Polly Campbell

Lebe lieber unperfekt

Anleitung
zum Unvollkommensein

Glauben Sie auch, immer perfekt sein zu müssen? Top gestylt, die klügsten Ideen im Job, die beste Mutter und Ehefrau der Welt und bitte regelmäßig Sport treiben, vegan ernähren und für alle Freunde stets erreichbar sein? Und haben Sie auch das Gefühl, dabei Ihren Kopf zu verlieren?

Dann wird es Zeit, zu akzeptieren, dass Sie nicht perfekt sind und dass das auch gut so ist. Denn wer sich von all dem Druck befreit, wird sich leichter und glücklicher fühlen. Die eigenen Fehler werden nichtig, und das Leben bekommt eine völlig andere Perspektive.

Mit kleinen Übungen, die in jedem stressigen Alltag Platz finden, kann das Leben entschleunigt werden – und Sie werden gelassener und zufriedener.

KNAUR✦
MENSSANA

Deepak Chopra

Das Tor zu vollkommenem Glück

*Ihr Zugang zum Energiefeld
der unendlichen Möglichkeiten*

Man entdeckt beim Stöbern das längst verloren ge-
glaubte Foto eines alten Schulfreundes – und kurz darauf meldet er sich. Zufall? Nein, es handelt sich um
Synchronizitäten, um Verbindung schaffende Muster
des Universums. In diesem bahnbrechenden Buch er-
läutert Deepak Chopra die hier zugrundeliegenden
Kräfte und beschreibt, wie man seine eigenen »Zufälle«
gestaltet und in allen Lebensbereichen seine Chancen
nutzen kann.

KNAUR✷
MENSSANA